O PODER DO SUCESSO

Agradecimentos

Ousadamente, acredito que a coleção **O Poder do Poder** é um momento novo na indústria do livro. Um novo conceito de "construir e escrever" livros está nascendo — o livro-clipping.

Este sonho empresarial foi e é um desafio no jogo da vida. Aliás, este jogo — descobri — não é um jogo *ganha-perde* ou *perde-ganha*, é um jogo *ganha-ganha*. Todos ganham, culturalmente. Do editor ao leitor.

Quando começo a pensar nos difíceis estágios por que passou este projeto, não posso deixar de lembrar a importante colaboração que recebi de várias pessoas, sem as quais não seria possível a sua realização material.

Com orgulho literário, agradeço a todas essas pessoas, físicas e jurídicas — pesquisadores, programadores, jornalistas, escritores, advogados, empresários, diretores de editoras, de gráficos, de jornais e TVs — o apoio direto ou indireto que ofereceram à realização deste trabalho. Sem a solidariedade, profissional e humana, desses amáveis colegas de trabalho, este projeto editorial jamais teria sido possível.
A todos, minha infinita gratidão.

O Editor

Coleção
O PODER DO PODER

O PODER DO SUCESSO

Sucesso é uma palavra
profundamente emocional.
Poderosa e mágica.
Você pode e deve conquistar sucesso.
Sucesso é realizar ou conseguir
aquilo que você deseja.

Você tem o poder de mudar a sua vida

3

LIVRO | MARTIN CLARET | CLIPPING

Coleção
O PODER DO PODER

Idealização e Realização
Martin Claret

Projeto Gráfico
José Duarte Teixeira de Castro

Digitação
Celina V. Marques

Revisão
Marcos D. Agathão

Editoração Eletrônica
Bypress Comunicação

Direção de Arte
José Duarte Teixeira de Castro

Fotolito das Fotos
Cyrnil

Fotolitos em Editoração Eletrônica
Scritta

Papel
Off-set/ 87 x 114 x 90g

Impressão e Acabamento

Impressão e acabamento **Cromosete** GRÁFICA E EDITORA LTDA. Rua Uhland, 307 - Vila Ema Cep: 03283-000 - São Paulo - SP Tel/Fax: 011 6104-1176

Editora Martin Claret Ltda. - Rua Alegrete, 62
Bairro Sumaré - CEP 01254-010 - Tel.:(011) 262-8144
Fax: (011) 263-7146 - São Paulo - SP

Qualquer informação complementar sobre a Coleção ***O Poder do Poder*** telefonar para (011) 262-8144

LIVRO | MARTIN CLARET | CLIPPING

O Livro Vivo

MARTIN CLARET

O poder da informação

O homem é um animal neurolingüístico. Ele cria sua realidade a partir do pensamento e da palavra. Sua potencialidade é quase infinita. O conhecimento de si mesmo é a sua meta suprema.

Essa escalada do homem é uma imensa epopéia cósmica, e neste contexto cada criatura é um herói. Mas o início dessa escalada cultural foi terrivelmente difícil.

Vivemos, hoje, na "idade da informática". Não mais fazemos parte de uma cultura coletora, agrícola ou industrial, mas de uma cultura da informação. Vivemos numa época de profundas mudanças. Novas idéias e novos movimentos mudam o mundo quase que diariamente. Essas mudanças vêm a nós através de livros, jornais, cinema, teatro, filmes, *chips* de computador, etc. Nesta nova sociedade, quem tiver mais informações, tem maior poder. John Galbraith, o iluminado autor de *A Era da Incerteza*, proclamou: "Dinheiro é o combustível da sociedade industrial. Mas na sociedade da informática o combustível, o poder, é o conhecimento. Vê-se agora a estrutura de uma nova classe dividida entre aqueles que têm informação e os que devem atuar na ignorância. Esta nova classe não tem poder no dinheiro, ou na terra, mas no conhecimento."

Hoje, essa chave do poder do conhecimento é acessível à maioria dos seres humanos.

Definição de poder

Poder.

Nada exerce mais atração sobre os seres humanos do que essa palavra mágica. Nenhuma paixão é mais duradoura, nenhuma companhia mais constante. O poder é uma das mais legítimas emoções humanas. Sua motivação são os resultados. Agir para ser mais.

Poder é uma palavra incrivelmente emocional. Diante dela são infinitas nossas reações. Cada um tem um conceito pessoal da palavra poder. Para muitas pessoas ela tem uma conotação negativa. Outras, explicita ou secretamente, cobiçam o poder. Os mais ortodoxos suspeitam do poder. Cada um tem uma definição própria para o vocábulo poder.

Como uma cultura, nós temos sido ambivalentes a respeito do poder. Não obstante, poder — que deriva do latim*potere*, "ser capaz" — é energia. Sem poder não há ação ou movimento. Poder é um assunto central da transformação do ser humano.

Eu proclamo o Poder Correto — o poder usado não como instrumento negativo ou para glorificar o ego, mas a serviço da Vida. O poder como um ato de sabedoria e não como um instrumento para manipular pessoas. Poder compartilhado, e não o poder imposto.

Poder é a capacidade e habilidade de mudar nossas vidas. É a habilidade de definir as necessidades humanas e resolvê-las. Poder é energia.

O amor ao poder

Michael Korda, o editor-chefe da poderosa editora Simon & Suster — ele mesmo participante do fascinante jogo do poder —, no seu best-seller *Poder, Como Conquistá-lo, Como Utilizá-lo*, nos dá didaticamente as principais normas para criar poder.

Para completa informação de meus leitores, passo a transcrevê-las.

Primeira: "Pratique cada ação como se fosse a única coisa que realmente importa no mundo." Segunda: "Nunca revele aos outros tudo a teu respeito; guarde alguma coisa de reserva, para que eles nunca tenham certeza de que realmente te conhecem." Terceira: "Aprende a usar o tempo e pense nele como um amigo, não como um inimigo. Não o desperdices indo atrás de coisas que não desejas." Quarta: "Aprende a aceitar os teus erros. Não sejas perfeccionista a respeito de tudo." Quinta e última norma: "Não cries ondas; move-te suavemente, sem complicar as coisas."

Como homem, para quem o único limite do poder é o limite de acreditar, Michael Korda, nos dá, ainda, este ensinamento essencial: "Quanto mais mecânico e complicado for o nosso mundo, mais precisamos da simplicidade do poder para nos guiar e proteger. É o único dom que nos permite continuar sendo humanos num mundo desumano — porque o amor ao poder é o amor por nós mesmos."

A gênese da coleção O Poder do Poder

Sou editor de livros. O universo da minha vida sempre gravitou em torno de ler livros e "fazer livros". Sempre amei o livro em todas as suas formas e sempre acreditei na função do livro. Para mim o livro tem o poder de mudar as pessoas, e de mudar o mundo. Há 20 anos proclamo o princípio cultural de "Ler mais para ser mais".

Na juventude e mesmo como adulto sempre copiei, recortei ou xeroquei textos de "especial importância" para o desenvolvimento do potencial humano. Formei pastas e pastas desse material informativo — para meu uso e eventualmente para o uso dos amigos. Essa idéia foi inspirada no genial DeWitt Wallace, o fundador da *Reader's Digest* (a nossa *Seleções*) — o projeto editorial de maior sucesso em todo o mundo. DeWitt também, antes de fundar sua revista "praticava" esse singular *hobby* de colecionar recortes de artigos de interesse permanente — aliás, essa foi a idéia que deu origem à sua famosa revista multinacional. Mais tarde, usei parte desse meu material e o *know-how* adquirido em minha atividade profissional. Esta é a gênese da coleção **O Poder do Poder** e de outros trabalhos editoriais realizados por mim.

O Livro-clipping

O útil *Dicionário de Comunicação*, de Carlos Alberto Rabaça/Gustavo Barbosa, publicado pela Editora Codecri, define a palavra inglesa **clipping**, assim: **1.** Serviço de apuração, coleção e fornecimento de recortes de jornais e revistas sobre um determinado assunto, sobre as atividades de uma empresa ou instituição, sobre determinada pessoa, etc. É realização geralmente da organização, pela agência de RP ou de Publicidade que atende à empresa, ou por uma agência especializada neste tipo de serviço (conhecida como agência *clipper*). **2.** Recorte de jornal. **3.** O conjunto de recortes, recebido pelo interessado."

Sem o saber, inconscientemente, ao colecionar e "organizar" os meus recortes, sempre vinha exercendo o ofício de organizar *clipping*, embora fosse para uma só pessoa — para mim mesmo.

Impulsionado por várias circunstâncias, depois de alguns anos, já como editor, resolvi usar os meus conhecimentos para elaborar esta coleção, usando o mesmo princípio do *clipping*. Dei uma estrutura mais refinada ao material de texto, organizei os assuntos, criei uma capa — e eis o *livro-clipping*. O grande e principal objetivo é difundir conhecimentos especializados, e transformar as pessoas. Sempre fui centrado nessa magnífica obsessão.

Estrutura textual da coleção

Estatísticas nos Estados Unidos revelam a incrível constatação: quase 50% das pessoas que compram livros não os lêem até o final. No Brasil não é diferente. Motivos: além de hábitos culturais improdutivos, descuidos de editoração contribuem para essa lamentável situação.

A coleção **O Poder do Poder** é um esforço para corrigir, qualitativamente, algumas dessas falhas. Minha meta principal é apresentar um novo conceito de fazer livros — o livro-*clipping*. O livro essencializado, de interesse permanente, com texto na medida certa e de agradável diagrama. Livro de fácil leitura.

A coleção é aberta — são aceitas sugestões de títulos e de assuntos. O próprio leitor torna-se um colaborador.

Embora esta coleção tenha estrutura de continuidade, cada livro possui sua autonomia própria. É um livro com começo, meio e fim. Os textos são capítulos essenciais extraídos de publicações nacionais e estrangeiras com afinidade de assunto, formando sinergeticamente um material redacional de grande coerência. A integridade do texto original é totalmente conservada.

Aos leitores que tenham interesse em aprofundar o assunto tratado em cada capítulo, recomendamos a leitura do livro original. Desejamos, mesmo, que os textos de cada capítulo motivem o leitor a uma consulta mais extensa ao livro-matriz. Aliás, esta é a essência do *livro-clipping* — provocar interesse e informar.

Mensagem cultural

A Galáxia de Johann Gutenberg (1400-1468) continua em expansão. A "idade da informática" ilumina mentes e corações. O homem continua sua fantástica escalada cultural. Nesse imenso universo vivo, o livro é a maior fonte de conhecimento e *poder*.

Livro muda as pessoas.
Livro muda o mundo.
"Ler mais para ser mais."

PODER: COMO CONQUISTÁ-LO, COMO UTILIZÁ-LO. (Texto integral do livro)
Michael Korda
Revista EXAME
Edição especial
jul./86
Editora Abril
São Paulo
(Ver pág. 117)

O Jogo do Poder e do Sucesso

MICHAEL KORDA

No princípio era a dúvida. Tínhamos elegido um outro texto para constar como o primeiro capítulo deste livro. Mas sentíamos que não era o material "absolutamente certo". Havia dúvida, na escolha.

Então usamos os processos de criatividade que este livro nos ensina. Fizemos a nossa intuição e o nosso "mecanismo criador de busca de objetivos" funcionar. E funcionou. De repente, "encontramos" o material certo, "absolutamente certo".

Assim, o leitor ganhou em valor qualitativo e nós ganhamos a alegria profissional de estarmos oferecendo o melhor.

Este texto é uma obra-prima de informação funcional, tanto para a realização do poder do sucesso pessoal como empresarial.

O texto foi publicado pela revista Exame, *do dia 23/7/86, em Edição Especial, sendo uma reedição do livro, anteriormente publicado pelo mesmo Grupo Abril em 1975, em sua primeira tradução mundial.*

Acreditamos que apenas este texto de Michael Korda justifica qualquer valor que o leitor tenha pago para adquirir este livro.

Nós, idealizadores e realizadores desta coleção — O Poder do Poder —, *estamos infinitamente realizados em poder oferecer ao nosso leitor informação de tão alta qualidade literária e técnica.*

* * *

O objetivo deste livro é mostrar a você como usar o poder, como reconhecê-lo e viver com ele; convencer você de que o mundo em que vivemos é um desafio e um jogo; e mostrar a você que no mais íntimo do cerne desse mundo está a emoção do poder — do seu poder.

A vida inteira é um jogo de poder. O objetivo do jogo é extremamente simples; descobrir o que se quer e consegui-lo. As jogadas, porém, são em número infinito e muito complexas, embora habitualmente envolvam a manipulação das pessoas e das situações em nosso proveito. Quanto às regras, essas só se descobrem jogando o jogo até o fim.

Algumas pessoas jogam o jogo do poder por dinheiro, outras por segurança ou por sucesso, outras ainda por sexo, e a maioria joga-o por uma combinação destes três objetivos. Os grandes mestres (alguns cujos jogos estudaremos) buscam o próprio poder, sabendo que o poder pode ser usado para obter dinheiro, sexo, segurança ou sucesso. Nenhuma dessas coisas constitui o poder; mas o poder pode produzir todas elas.

Seja você quem for, a verdade é que os seus interesses não são do interesse de mais ninguém, o seu ganho consiste inevitavelmente no prejuízo de alguém mais, o seu fracasso é a vitória de outrem. No dizer de Heinrich von Treitscheke, o filósofo alemão da força, "o meu vizinho, mesmo quando parece olhar para mim como um aliado natural contra um terceiro poder que ambos tememos, está sempre pronto, na primeira oportunidade, logo que possa fazê-lo em segurança, a melhorar a sua situação à custa da minha... Quem não consegue aumentar o seu poder tem que o diminuir, se outros aumentam o deles".

Seria difícil resumir mais sucintamente a posição da generalidade das pessoas. A análise da condição humana, feita por Treitscheke, conquanto possa, à primeira vista, dar a impressão de um familiar ataque germânico de paranóia e depressão, aplica-se, no entanto, a muitos e muitos empregos, a muitos casamentos e *affairs* amorosos e representa, para muita gente, um modo de vida. Uma vez que as pessoas que realizam suas vidas no rumo de tais princípios têm uma tendência notória para descobrir meios de chegar à posição de poder que ameaça o resto de nós todos, aprender a jogar o jogo do poder é um meio de defesa.

Por que as pessoas acordam, um dia, e descobrem que foi concedida a outrem a promoção que esperavam? Que se evaporou o aumento com que contavam? Que foram jogadas na aposentadoria antes que a desejassem? Que não estão mais sendo convidadas para reuniões? Ou — o que é pior — que estão sendo convidadas para muitas reuniões e isso significa estarem se passando as coisas importantes em lugares diferentes dos das reuniões? A resposta pode, evidentemente, ser simples incompetência — infelizmente, a estupidez, o alcoolismo e a preguiça intervêm freqüentemente no jogo, obscurecendo a sua lógica, que de outro modo seria perfeita — mas, acima de certo nível, é lícito supor que os derrotados por jogadores de mais elevada categoria falharam em prestar suficiente atenção às suas próprias jogadas e às dos outros, e por isso são obrigados a pagar o preço.

Quanto a isso, observa-se o mesmo fluxo e refluxo de poder em todas as espécies de relacionamento humano; as mesmas leis se aplicam aos casos de amor e aos casos de guerra de gabinete. Quem não conhece aquele perigoso instante de qualquer relacionamento, em que a necessidade de outra pessoa se torna suficientemente forte para desequilibrar a balança do poder? O jogo do poder joga-se na cama tão ferozmente quanto em qualquer outro lugar, se não ainda mais, e o casamento é talvez a melhor escola para o jogador que deseja estudar e formar-se no uso do poder em sua forma mais sutil, durante um longo espaço de tempo.

Para se jogar o jogo do poder é necessário, primeiramente, cada um descobrir por si mesmo o que é o poder. O estudante do poder deve principiar por aprender a reconhecer as manifestações dele em cada aspecto da vida — porque a vida inteira é um campo de treinamento e cada contato humano é uma oportunidade para testar a habilidade do jogador. Os mestres jogam durante vinte e quatro horas por dia, com empregados de estacionamento, esposas, amantes, chefes de garçons, fiscais do imposto de renda, policiais de trânsito, companheiros de trabalho, superiores e subordinados, tentando instintivamente controlar cada situação em que se encontram e jogar para cima dos outros a maior parte possível de responsabilidade. Para o mestre jogador, até o mais ordinário encontro humano é completamente fascinante, por oferecer incalculáveis oportunidades de praticar o jogo. Alguns dos melhores que conheço desenvolveram suas técnicas básicas em lugares como mercados de fruta, onde a escolha das peças que se desejam, em oposição às que se pretende nos impingir, pode ser usada para estudar conceitos como a resistência sob pressão, a hesitação fingida, a técnica de choradeira e o medo de chegar a acordo. As próprias crianças nos ensinam muitas técnicas úteis — jogando um pai contra outro, refreando a afeição, vomitando quando tudo mais falhou — mas a maioria das pessoas esquece estas valiosas técnicas à medida que se vai tornando adulta. Por outro lado, a escola fornece lições, no jogo do poder, que raramente alguém esquece, particularmente a habilidade de parecer ocupado e engenhoso quando não se está de fato fazendo coisa nenhuma, assim como o conhecimento essencial de como lidar com valentões, ou tornar-se um deles.

O segredo está em desenvolver um estilo de poder baseado na personalidade e nos desejos de cada um. Nessa base, é possível afiar as jogadas, de modo que elas se tornem belamente cortantes. Os que na escola foram valentões desenvolvem muitas vezes um repertório sofisticado de técnicas de valentia quando ficam adultos, embora possam eventualmente achar-se em situação de desvantagem, se encontrarem um valentão mais poderoso. Aqueles que em criança aprenderam a lidar com valentões através da adulação, da astúcia e de fingimento de fraqueza normalmente continuam usando essas defesas contra os valentões adultos, com o mesmo sucesso. Os jogadores mais bem-sucedidos no jogo do poder são capazes de fazer essas coisas e não se importam de parecer patetas ou fracos quando isso é útil — não é má uma certa dose de destruição do ego.

O instinto do poder é básico para os homens e para as mulheres — como observou Nietzche: "Onde quer que encontrei vida, lá encontrei a vontade de ter poder" —, mas o que geralmente se pensa acerca desse instinto é que ele constitui uma das menos atrativas características do gênero humano, juntamente com o instinto da violência e da agressão, com o qual muitas vezes é confundido. Muita gente não gosta de admitir que deseja poder, razão pela qual nunca chega a tê-lo, e aqueles que têm poder vão até o fim do mundo para disfarçar que o têm. Alguns políticos, como o falecido Lyndon B. Johnson, gostam de saborear abertamente as manifestações do poder, mas o estilo norte-americano contemporâneo do poder é dar a impressão de que não se tem poder algum. Confessar que se *tem* poder é assumir a responsabilidade pelo uso dele, quando, na verdade, a segurança reside numa atitude de impotência habilmente planejada, por trás da qual se pode fazer exatamente o que se quer. Numa época de vítimas que se queixam em altos brados, é mais fácil a gente juntar-se a elas, seguir a liderança inspirada dos mafiosos que reivindicaram nossa simpatia por sofrerem de discriminação contra os ítalo-americanos, um outro grupo minoritário sem qualquer ligação com aqueles sujeitos que vivem de agiotagem, de narcóticos, de jogo proibido e de prostituição. O "homem de respeito" deu lugar à vítima queixosa, como estilo do poder do crime organizado, quase ao mesmo tempo em que a classe média urbana fazia a mesma descoberta.

* * *

O velho ideal de caminhar de cabeça levantada, de irradiar uma aura de poder, em termos físicos e psicológicos, foi uma grande arma no arsenal tradicional do homem urbano. O lema do habitante da cidade para com o seu semelhante foi sempre, até recentemente, "não me pise nos calos". O servilismo era considerado uma atitude errada e a figura ideal típica do servil era o Tio Tom, aquele simpático velhinho negro que os brancos gostavam de pensar que representava o que os negros sentiam a respeito do homem branco, embora intimamente duvidassem de que isso fosse verdade. Com o início da desintegração urbana, o poder passou para as ruas, sob a forma alarmante dos próprios negros que aprenderam a ritualizar sua exigência de poder numa série de atitudes destinadas a sugerir as boas-vindas da gente de cor a uma oportunidade de confrontação: o andar gingado, o olhar friamente desdenhoso, a exibição espalhafatosa de um estilo afetado de vestir — tudo contribuía para tornar o negro visível na rua, para sugerir que o negro comum, ganhador de salário, tinha ligações com a violência armada das esquerdas e com a realidade apavorante do crime urbano. Como reação, a classe média urbana branca — aqueles que não fugiram para os subúrbios — retraiu-se, aprendeu a caminhar discretamente para evitar a confrontação. Mostrar que se tinha poder era puxar encrenca e, mais do que isso, sujeitar-se a ser responsabilizado pela educação de segunda ordem dada nos guetos, pelo fato de as casas estarem caindo aos pedaços, pela insuficiência dos serviços médicos, pela rapacidade dos senhorios, pela corrupção da polícia...

Era mais fácil e mais razoável dar a entender que todos nós éramos vítimas do sistema, quer vivêssemos no gueto quer num apartamento duplex de doze quartos e vista para o parque. O fato de que esse tinha sido o*nosso* sistema, de que nós vivíamos bem em parte porque outros viviam mal, era algo que se considerava conveniente ignorar, agora que se estava sob ataque — o que explica o estranho fenômeno de pessoas integradas no sistema, os próprios beneficiários e arquitetos dele, se juntarem às pessoas a ele não pertencentes, para o denunciarem. Assim foi possível a Leonard Bernstein afirmar em voz alta que "entendia" os Panteras Negras, na muito badalada festa que ofereceu em honra deles, por ser evidente que não dava dividendo defender o sistema que lhe possibilitou adquirir um belo apartamento, com a finalidade de assegurar que sua vizinhança fosse a que ele desejava, que a educação no seu bairro fosse de primeira classe, que o lixo fosse coletado diariamente na sua rua, caso o sistema estivesse a ponto de ser destruído. A verdade é que nenhum membro da tripulação tinha sombra de desejo de ir para o fundo com o navio e mesmo os passageiros de primeira classe estavam ansiosos por provar que tinham sido levados à força para bordo, ou que mesmo nunca tinham navegado em tal navio. Por que não? Metade das pessoas que em Washington tinha levado a gente para a Guerra do Vietnã juntou-se mais tarde à campanha contra a guerra, como se não tivesse nada a ver com o que havia acontecido. Aquilo que pessoas sempre tinham feito instintivamente em sua vida privada e em sua vida de negócios foi subitamente elevado à condição de uma filosofia de vida.

Agora que o sexo é assunto abertamente discutível, o poder parece ter-se tornado o único segredinho humano sujo a esconder. O comentário mais familiar sobre o poder é o de lorde Acton: "O poder tende a corromper e o poder absoluto corrompe absolutamente".

No entanto, em nosso tempo, as conseqüências de *não* se jogar o jogo do poder são consideradas mais graves. O ponto de vista de Acton acerca do poder foi substituído pela opinião geral de que poder é *bom*, de que "toda fraqueza tende a corromper, e a impotência corrompe absolutamente". Se neste último quartel do século XX ainda acreditamos em alguma coisa, é na extensão do poder que acreditamos, na caminhada para o domínio. Do ponto de vista contemporâneo, não ter o poder como objetivo é limitar o potencial do indivíduo, é estabelecer um limite ao grau de conscientização da pessoa. Duas guerras mundiais, Darwin e Freud levaram finalmente a maioria dos homens ocidentais a compreenderem que a existência é finita, que a morte é real. Deixaram de existir substitutos plausíveis para o sucesso e a realização nesta vida, tal como deixou de existir a confortável crença de que insucesso aqui embaixo será de algum modo recompensado lá em cima. Não existe alternativa para a divinização presente: despidos por Darwin de nossa supremacia como seres humanos, expostos às nossas imperfeições por Freud, obrigados pela própria História a vivermos com a consciência de nosso imenso potencial para a violência e para a irracionalidade, não nos é permitido fabricar o nosso substituto para a imortalidade. O poder — "a capacidade de realização de nossos desejos" — é tudo que nos resta.

Em outros tempos, o poder era um jogo da elite, uma atividade violenta como o torneio ou a caça à raposa, que preenchia o tempo daqueles que já tinham o que comer. A maioria das pessoas dedicava-se arduamente à sobrevivência e quaisquer dúvidas que se pudesse ter acerca de sua posição na sociedade eram respondidas pelos líderes religiosos de qualquer credo que lhes tivesse sido imposto. O conhecido e comovente hino vitoriano de Cecil Alexander — que principiava otimisticamente por "Todas as coisas esplendorosas e belas, todas as criaturas grandes e pequenas..." — continuava traduzindo as mais brutais realidades do contrato social tradicional:

O homem rico em seu castelo,
O homem pobre em seu porão,
Deus os criou, importantes ou insignificantes,
E ordenou sua situação.

Trabalhar e rezar era a sina das classes ocupadas e, dada a natureza da sociedade pré-industrial, o trabalho tendia a absorver inteiramente as energias da maioria das pessoas.

Na era atual, o trabalho é uma experiência menos absorvente, sobretudo para o pessoal de escritório ou de gerência. Poucos escritórios modernos apresentam qualquer semelhança, mesmo superficial, com aquelas casas do conto descritas por Dickens, em que os empregados trabalhavam durante longas e extenuantes horas, sob dura disciplina e supervisão direta. Na realidade, o tempo é hoje um fardo nas mãos de muita gente, e há muita energia sobrando para ser usada na melhoria da situação pessoal. E, o que é mais, temos agora uma atitude democrática frente ao trabalho: outrora acreditava-se que ele era uma *dura necessidade*, parte da condenação da humanidade por Deus, por causa daquele fatal erro gastronômico no Jardim do Éden, uma desgraça inevitável que, se redimível de algum modo, só o seria no céu; hoje, nós achamos que o trabalho é uma *oportunidade*. Aprender uma profissão, arranjar um emprego, tornar-se a gente alguma coisa, ser alguém! O trabalho não constitui mais um fim, mais um meio de nos transformarmos, de subirmos na vida. Já não encaramos mais o lugar em que trabalhamos como pista de animal que puxa engenho, mas como escada. E subir é bem mais interessante do que o trabalho propriamente dito.

Os psicanalistas, que não estão de acordo uns com os outros acerca da maioria das coisas, concordam em que "a sede de poder" é uma expressão essencial da nossa humanidade, embora pareçam incapazes de recomendar como, exatamente, esse instinto deve ser usado. "Realize! Suba! Conquiste!", exortava Alfred Adler. "Qualquer que seja o nome que lhe dermos, sempre encontraremos nos seres humanos esta grande linha de atividade, esta luta para subir de uma posição inferior a uma superior, da derrota para a vitória, de baixo para cima."Inegavelmente verdadeiro: caminhar "de baixo para cima" é ambição tão universal que não teria sentido discutir a moralidade, ou até mesmo o senso comum, de tal desejo. Nós acreditamos na ambição, como outrora acreditávamos na salvação; na verdade, alguns jogos do poder existem em grande parte para suprir a *ilusão* de uma boa competição, em vidas e carreiras que de fato não passam de rendições incondicionais. Como espécie, nós desejamos acreditar que estamos combatendo pela liderança do rebanho, mesmo quando não estamos senão pacificamente pastando à margem.

Deste modo é fácil compreender por que desejamos poder — sem ele, somos meros dentes de engrenagem numa máquina sem sentido. A questão mais complicada é por que precisamos do trabalho. Ao fim e ao cabo, de poucas pessoas se pode dizer que elas gostam de trabalhar e, à medida que a sociedade se torna mais complexa e mais tecnológica e as funções se dividem em especialidades de cada vez menor âmbito, oferecendo oportunidade sempre decrescente de nos envolvermos no conjunto do processo, o número de pessoas que gostam do seu trabalho provavelmente irá declinando no futuro.

Num tempo em que a ética puritana do trabalho parece irrelevante, há quatro razões básicas para trabalhar: 1) o Hábito; 2) o Prazer; 3) o Dinheiro; 4) o Poder.

O Hábito é um fator significativo. A maioria das pessoas tem inclinação para cair numa rotina firme de trabalho, simplesmente porque qualquer outra coisa exigiria imaginação, invenção e espírito de aventura. Aceitar a rotina do trabalho dá significado e ordem a vidas que, de outro modo, seriam caóticas e insuportáveis. Não é tanto o caso de as pessoas gostarem de trabalhar, é o caso de as pessoas terem medo de não terem nada que fazer nem lugar para onde ir durante oito ou mais horas por dia. Como explicar de outro modo a depressão que invade os homens prestes a se aposentarem, mesmo nos casos em que eles se retiram com uma generosa pensão e uma gorda carteira de ações? O trabalho é uma droga criadora de hábito, e o hábito é difícil de quebrar.

* * *

Com exceção dos artífices especializados — uma fauna em vias de desaparecimento —, poucas pessoas trabalham por prazer. A maioria delas não faz questão de trabalhar, mas tem a sensação de que é simultaneamente uma indecência e um desperdício gostar abertamente do trabalho. Metade da razão pela qual se executa trabalho é a influência que isso nos dá sobre as outras pessoas. Em situações domésticas, o trabalho pode ser usado para justificar quase tudo: impotência, impaciência, pretexto para não lavar a louça, motivo para dormir no sofá depois do jantar — toda uma variedade de desculpas, de exigências e de argumentos especiais. Poucos homens se sentem inclinados a irem para casa depois de um dia de trabalho e contarem o prazer que o trabalho lhes deu; dá muito mais dividendo afetar fadiga, desespero e tensão, como se o dia de trabalho fosse um terrível sacrifício feito em benefício dos entes que amamos. Em casa, as mulheres têm os seus próprios meios de cobrar tributo dos outros pelo trabalho realizado: ninguém ganha nada em admitir que gosta do seu trabalho. Além disso, há sempre a suspeita de que a pessoa que gosta de trabalhar talvez simplesmente não esteja trabalhando o suficiente. É menos perigoso a gente queixar-se juntamente com os colegas e esperar que as queixas sugiram que estamos ganhando o salário que nos dão e, quem sabe, que esse salário venha a ser aumentado.

Em contrapartida, quem está interessado no poder sabe como trabalhar e, normalmente, trabalha duro. Tem um objetivo para além de meramente ganhar dinheiro ou preencher o tempo, porque pretende que o seu trabalho leve a algum lugar, traga recompensa em termos de autonomia, de independência e de auto-satisfação. Só quem compreende o poder pode tirar o máximo de proveito de seu trabalho, por mais perfeição que seponha na execução desse trabalho.

Como razão para se trabalhar, o desejo de dinheiro é sem dúvida muito forte, mas, em nossa sociedade, vai sendo cada vez menos relevante — não que os norte-americanos estejam sendo menos fortemente motivados pela acumulação de riqueza do que no passado, mas porque a riqueza, como sonho, se desvaneceu na era do burocrata, do "executivo júnior", da inflação, do cartão de crédito e dos pesados impostos. Poucos podem aspirar à conquista de grande riqueza — ainda menos acreditam que seja mesmo possível chegar lá — e quase todos os que trabalham estão envolvidos numa organização, de uma ou de outra espécie, dentro da qual devem ser contidos os limites de suas ambições monetárias.

* * *

É a ânsia pelo poder que mantém a maioria das pessoas trabalhando. Então, o que nos está sendo oferecido não é mais apenas a oportunidade de riqueza ilimitada, mas a chance de conquista de poder limitado, com a vantagem de que a satisfação alcançada não pode ser taxada nem fica sujeita à depreciação por parte dos especuladores internacionais. Nas modernas corporações o dinheiro não é mais a finalidade — ou o aguilhão. O mais bem-sucedido executivo de uma corporação dificilmente pode aspirar a mais do que uma crescente suficiência em termos de renda e a real finalidade da maioria dos empregados é congregar uma série de benefícios que lhes permitam manter-se durante o período normalmente escasso de dinheiro entre a aposentadoria e a morte, partindo do princípio de que sobreviverão para enfrentar essa sombria antecipação da própria morte. Tal como o cristianismo, a corporação oferece conforto num problemático futuro, em troca de sacrifícios e boas ações no presente.

Simplesmente, não se pode motivar as pessoas com a simples ameaça de uma velhice de miséria — é preciso oferecer alguma motivação para o presente. A oportunidade de conquistar e dispor de poder fornece precisamente essa motivação: por isso, muitas corporações consideram de seu interesse encorajar o jogo do poder. Daí o fato de existir em cada empresa um jogo do poder "doméstico", ou "da casa", cujas regras e prêmios são determinados pela gerência. O jogador astuto deve jogar o jogo da organização como se fosse dele próprio, mas mantendo-se consciente de que ganhar o jogo de outrem não significa necessariamente o seu próprio jogo — na verdade, a vitória obtida num jogo estabelecido pela gerência de uma companhia ou desenvolvido dentro do âmbito das tradições da companhia pode, no final das contas, levar a pessoa a perder o seu próprio jogo. O jogador deverá, por isso, desconfiar automaticamente da maioria das promoções, dos títulos, das distinções simbólicas e dos aumentos, quando isso lhe é oferecido — o que não quer dizer que deva recusar ou maldizer abertamente o que lhe oferecem. Seria bom lembrar o seguinte aviso: "O poder não pode, rigorosamente falando, ser dado a outrem, porque, nesse caso, o recebedor ficaria devendo esse mesmo poder ao doador. De certo modo, o poder tem que ser assumido, tomado, reivindicado. Se ele não pode ser tomado *contra* uma oposição, não é poder e nunca será sentido como realidade por parte de quem o recebe." O que nos é *dado*, por mais atrativo que pareça, é quase sempre uma armadilha.

As corporações sentem-se perfeitamente felizes em dar poder e prestígio às pessoas que trabalham para elas. O poder fica mais barato do que um aumento salarial e, de qualquer modo, na cúpula, os executivos seniores dificilmente podem esperar ficar com mais de metade daquilo que lhes é pago. Nem é do interesse de uma corporação dar, seja a quem for, garantia de substanciais benefícios de aposentadoria, mesmo que a inflação o permitisse — a incerteza paga dividendo em moeda de desempenho. O que mantém as pessoas trabalhando é a promessa de segurança — se elas tivessem efetivamente essa segurança, poderiam parar. Esse o motivo pelo qual a organização tem interesse em encorajar a natural propensão dos homens e das mulheres para o auto-envaidecimento, ainda que seja só através de recompensas simbólicas. Mobília fica mais barata do que bonificações em dinheiro; é depreciável e, em qualquer caso, pode sempre ser usada pelo próximo encarregado.

Desde que a coisa mais apreciada pelas pessoas é o poder sobre os outros — "managing people", como se diz na linguagem eufemística dos negócios —, a corporação comum funciona como uma espécie de corretora, fornecendo aos que desejam poder um certo número de indivíduos sobre os quais eles possam exercê-lo. Isso não custa nada: qualquer organização tem sempre muitos elementos tão sem importância, ou facilmente substituíveis (admitindo que algum dia eles foram necessários, em primeiro lugar), que é muito simples satisfazer a fome de poder mesmo dos mais incompetentes executivos, dando-lhes alguém para tiranizarem. Durante anos, foi essa a real função das secretárias dentro da cabeça de muitos homens.

Mas a espécie de poder que a corporação pode dar-nos tem as suas desvantagens — tomemos como exemplo a pessoa que tem poder para decidir sobre salários. Essa é uma ambicionada posição de poder, já que dá a quem a possui o máximo de possibilidade de aumentar o seu ego à custa dos outros, ao mesmo tempo que lhe garante a certeza de ser cortejado, lisonjeado e temido. Por outro lado, a pessoa comum que detém esse poder é condenada, na maioria das vezes, a ser ela própria mal paga, uma vez que a manutenção de sua posição depende da habilidade de conter os aumentos dentro de um limite predeterminado. Essa pessoa não pode exercer o seu poder e simultaneamente conceder a si própria o substancial aumento que merece ou, até certo ponto, espera. Nesse caso, como em tantos outros, o poder é uma tapeação. Por mais que o seu detentor seja temido, ele perdeu o jogo do poder, pelo fato de o poder lhe ter sido dado; o seu controle sobre os outros é um substituto dos ganhos reais para ele próprio.

O jogador do jogo do poder, pelo contrário, não permitirá jamais que o coloquem em tal posição. Ele não encara os interesses da companhia como coincidentes com os seus. Se solicitado a fazer economias, ele as fará, mas não à sua custa. Sua técnica será cortar os salários em dez por cento e aproveitar o sucesso de conseguir esse corte para aumentar o seu próprio salário em vinte por cento.

O poder, como veremos, dá dividendo.

Não basta desejar o poder ou mesmo possuí-lo. Ele deve ser usado criativamente. E deve ser curtido.

O uso do poder como arma de agressão faz de nós monstros. O sentimento de que o poder é uma pesada carga ("Se você soubesse o que custa mandar, gostaria de obedecer a vida toda") é destrutivo. O poder deve ser o servo, não o senhor.

Em *Act of Will* (*Ato de Vontade*), Robert Assigioli descreve com muita precisão o valor da brincadeira como meio de levar a vida, numa passagem que poderia ser considerada uma eloqüente descrição do poder do jogo: "Um dos melhores incentivos é o instinto de brincar... Assim se evita o perigo de tornar a vida rígida e mecânica, fazendo, pelo contrário, virar interessante e colorido aquilo que, de outro modo, seria uma cansativa obrigação. Todos aqueles com quem estamos associados podem se tornar nossos colaboradores (sem o saberem!). Um superior tirânico, por exemplo, ou um sócio muito exigente podem se tornar as barras paralelas em que a nossa vontade desenvolve sua força e proficiência. Os amigos palradores ou desperdiçadores de tempo dão-nos oportunidades para controlar a palavra; ensinam-nos a arte da recusa, cortês mais firme, de entrar em conversação desnecessária. Ser capaz de dizer "não" é uma técnica difícil, mas útil. Lá diz o ditado budista: "Um inimigo é tão útil quanto um Buda".

O Amor ao Poder

Não há normas para se aprender a conquistar o poder: a coisa tem que vir de dentro de nós. Mas, seguindo-se umas tantas normas, é possível apurar a percepção. Todos temos um determinado potencial de poder, mas poucos fazem uso dele, ou mesmo sabem que o têm.

Nas culturas mais "primitivas", os jovens são iniciados nos ritos do poder, às vezes de modo muito complicado. As normas são absolutas e claramente definidas e devem ser seguidas com exatidão, mas destinam-se a desenvolver no iniciado uma maior capacidade de percepção de si mesmo — a simples realização do ritual não basta. Se, em certas tribos de índios americanos, os jovens se enterram até o pescoço, em buracos, em elevações solitárias do deserto, é para aprenderem paciência, concentração e capacidade de ficar sem falar quando necessário, por mais desconfortável que o exercício seja. Não há nada de misterioso no processo — um caçador que seja nervoso, ou que se coce quando mordido pelas moscas, não tem grandes probabilidades de apanhar muita caça. A sobrevivência reside na capacidade de controlar o nosso corpo e a nossa mente.

O nosso mundo não é tão diferente, barulhento e complexo como parece, mas nós somos menos afortunados do que os índios. Somos educados à custa de um considerável esforço, mas nenhum sábio mestre nos prepara para o mundo que teremos que enfrentar quando adultos. Se temos sorte, aprendemos um ofício, mas para a maioria o preço da sobrevivência é a rendição. Há um lugar para quase todos no nosso mundo, mas a maior parte das vezes em condições determinadas pelos outros, não por nós. Alguns de nós aprendem a ser *bem-sucedidos* e podem se tornar ricos e famosos; poucos aprendem a usar o mundo em vez de serem usados por ele.

Os que crescem pelas ruas aprendem a confiar em si mesmos, mas pagam um alto preço pelo aprendizado — a rua ensina lições muito duras. Para a maioria, a idéia de que somos responsáveis por nossas vidas chega tarde, se é que chega. Nosso sistema de educação nos ensina a colocar nossa fé em alguma outra coisa — na corporação, no casamento, no comércio, numa profissão, numa religião, na política, em alguma coisa, quase poderíamos dizer *seja no que for* que nos ofereça um conjunto de normas a que possamos obedecer e nos recompense pela obediência a elas. Parece muito mais seguro ser um animal doméstico do que um animal selvagem.

Quando chegamos à meia-idade, é-nos difícil aceitar o conceito de que temos uma existência *à parte* daquilo que fazemos, das pessoas com quem nos casamos, dos filhos, dos colegas, dos nossos sócios. Fomos mergulhados numa comunidade e gastamos a maior parte de nossas vidas satisfazendo exigências dela.

Dadas as circunstâncias, não chega a ser surpreendente que muitos terapeutas se especializem em ensinar aos sofisticados e triunfadores homens modernos o que um índio já sabe aos dezesseis anos. Um analista construiu um complicado e engenhoso sistema de trens elétricos, com painéis de comando nos extremos opostos da sala. Os casais "em dificuldades" recebem dois trens e devem conduzi-los em direções opostas. É claro que os trens se esmagarão um de encontro ao outro se se chocarem de frente; mas é preciso habilidade e cooperação para os fazer entrar nos desvios, de modo que possam se mover livremente, sem colisões. É escusado dizer que as pessoas sem noção de poder ficam com o seu trem permanentemente no desvio, enquanto o do companheiro se move rapidamente ao longo dos trilhos. Quem tem um sentido superdesenvolvido do poder tenta pôr à força o trem do companheiro para *fora* do caminho e até o convida a colisões, de um modo claramente autodestrutivo. Os que entendem o poder conseguem encontrar um meio que permita que ambos os trens se movam livremente, a velocidades iguais. Um índio teria provavelmente aprendido que se pode cooperar, sem sacrifício da identidade de cada um e sem pagar cinqüenta dólares por hora.

Um analista existencial muito conhecido força os seus pacientes a aceitarem a responsabilidade pelas suas ações usando um grande quadro-negro em que esboça as conseqüências previsíveis de um dado ato. Sua especialidade são os homens de negócios de meia-idade que acham que suas carreiras se atolaram no lodo. "Essa não é a razão pela qual eles vêm me procurar", diz ele. "Eles estão aqui, geralmente, por causa de algum problema sexual, a maior parte das vezes impotência ou ejaculação precoce; mas, quando são levados a falar de si mesmos, não é sexo que está na sua cabeça coisa nenhuma. Do que eles sofrem é de um sentimento de inércia, de desamparo, de falta de poder. Seus empregos e seus gabinetes são muito mais reais para eles do que qualquer das mulheres de suas vidas, e é muito mais provável que falem apaixonadamente acerca de seu trabalho do que acerca de suas esposas e namoradas. Na maioria das vezes, seus problemas sexuais são secundários. Eles simplesmente perderam todo o senso de identidade. Olham para as suas vidas como completas, acabadas, dirigidas por outras pessoas. Às vezes, são homens fortes, que tomam decisões, mas o seu ego está a serviço de outrem e, se o querem para si mesmos, não está lá."

O médico, um homem delgado como arame, mas rijo e enérgico, questiona cada coisa que cada um deles faz ou diz, desnuda-os das transigências e evasões de toda uma vida, torna-os conscientes de que eles *existem.* É a favor da cadeira de encosto duro, não da poltrona, e às vezes permite aos pacientes que se sentem no lugar dele à mesa, enquanto ele ocupa a cadeira de encosto duro. "Deixemo-los ocupar a posição do poder", diz ele. "É preciso que eles aprendam que eu não sou um feiticeiro nem um mágico disposto a resolver todos os seus problemas. Quando principiam a discutir comigo, quando já não *confiam* mais em mim de uma vez, estão no caminho da cura." O quadro está no extremo da pequena sala sem janelas, brilhantemente iluminada por focos de cima. Se um paciente se queixa de ter sido preterido em alguma promoção que desejava (essa é uma fonte muito comum de desespero), o bom médico vai ao quadro-negro e demonstra brutalmente as alternativas existentes e respectivas conseqüências. "A — você fica onde está e não faz coisa nenhuma; B — você principia a procurar outro emprego; C — você fica onde está e tenta recuperar o que perdeu..." Em seguida, faz rapidamente uma lista das conseqüências de cada uma das decisões, provando os fatos: "Você poderia agüentar um período de desemprego, enquanto estivesse procurando outro emprego? De quanto dinheiro você realmente precisa? Você deseja mesmo ser promovido? Você já explorou bem o potencial do emprego que tem? É esta uma boa oportunidade para você fazer outra coisa, mudando toda a sua vida?" O paciente é inquirido, forçado a perguntar a si mesmo o que é que quer fazer, a aceitar o fato de que é responsável pelas conseqüências da sua liberdade. "A vida", diz o doutor, "apresenta alternativas e exige coragem. Temos que aprender a não nos queixar, a não jogar a culpa nos outros, a não perder tempo lutando contra coisas que são inevitáveis. Nada de autopiedade! Habilidade, coragem e poder!"

Evidentemente, o problema com essa espécie de terapêutica em forma de conselho é que nenhum analista pode compartilhar das nossas experiências: tem que aceitar a nossa palavra quanto à natureza do nosso trabalho e à estrutura de nossas vidas. Na tribo índia, mestre e aluno compartilham da mesma hereditariedade. A sabedoria dos caçadores passou para os jovens; as perguntas dos jovens foram feitas em cada geração. É mais fácil ser sábio quando a vida é simples e uniforme, mas muito difícil quando o nosso aluno tem que nos explicar como funciona o negócio internacional de títulos, antes de explicar por que se sente infeliz em sua vida. No entanto, as normas do poder não são muito diferentes de uma cultura para a seguinte, quando as despimos da sua mitologia. Tenho um bom amigo que é estudioso de culturas "primitivas" (que, evidentemente, não são primitivas coisa nenhuma) e passou a maior parte de sua vida vivendo com tribos mal conhecidas, à volta do mundo. É um homem alto, delgado, ascético, nova-iorquino por nascimento e educação, mas sempre parecendo que estaria mais à vontade numa aldeia esquimó ou no centro de uma dança índia de fantasmas. Tem a aparência inocente de um acadêmico, reforçada ainda pelo saco verde em que leva os livros e pelos óculos com armação de arame; facilmente se chega a pensar que existe nele algo de *fora do mundo*. Os habitantes cínicos da cidade, encurralados nas defesas urbanas, não gostam dele quando aparece por aqui; e passava-se o mesmo comigo, até que, uma tarde, notei o modo cauteloso como ele descia a Amsterdam Avenue, não com medo, mas caminhando pela beira do passeio, com os olhos farejando perigo, notando cada movimento à sua volta. Caminhava como um caçador, rapidamente, cautelosamente, não deixando que ninguém se aproximasse dele, e fazia-o sem parecer pensar nisso ou fazer qualquer esforço. Nas ruas de violência, ele parecia — ele *era* — um homem de poder.

* * *

Mas, evidentemente, ele o é. Ele entende o poder; quando faz uma conferência (raro e comemorado evento), entra na sala com as pessoas que vão assistir e senta-se no meio delas, até que todos os lugares estejam ocupados e todo mundo principie a perguntar onde é que ele está. Então, quando todos estão olhando expectativamente para o estrado vazio, como se desconfiassem de que ele está escondido atrás do pódio, ou de que não virá, ele se levanta do seu lugar e caminha para o estrado. Os poderosos têm a capacidade de dramatizar, a si mesmos e aos seus atos, de modo que os mais insignificantes eventos adquirem um sentido. É um talento natural, mas que pode ser desenvolvido. Esse meu amigo gosta de chegar sem avisar, passando pelas recepcionistas e secretárias, parecendo ter chegado por mágica; e, quando quer ir embora, espera que eu saia do gabinete para atender a um telefonema ou ir ao banheiro e, quando volto, já desapareceu. Nada de despedidas; simplesmente *foi embora*, e é difícil mesmo acreditar que tenha estado ali. Ele se colocou fora do controle das outras pessoas, sem desistir de uma carreira vitoriosa e muito ocupada; como resultado, está tão à vontade em Nova York como nas selvas da Nova Guiné.

O meu amigo e eu estamos sentados no zoológico do Central Park, na esplanada de um café, numa destas tardes de verão em que o parque está tão cheio de gente que os animais parecem mais humanos do que nós. À nossa direita, ficam as torres da Nova York comercial, um rochedo alto, brutal, de grandes edifícios, erguendo-se por entre as camadas da cerração como a pavorosa torre de Barad-Dûr no *Lord of the Rings*, de Tolkien. Eu posso entender como alguém pode se tornar um homem poderoso nas sociedades e culturas mais simples; pode ter havido uma longa e dura iniciação, mas as distrações são poucas. O simples tamanho da cidade distorce o ego. Ou somos reduzidos à impotência de uma rotina diária sem sentido — dormir, comer, trabalhar —, tornada ainda mais dolorosa por sabermos que não temos poder sobre as nossas vidas; ou, pior ainda: nos destruímos tentando nos tornar maiores, mais famosos, mais poderosos do que a própria cidade. Pode alguém ter poder aqui — quero saber — numa vida cheia de concessões, decisões, aborrecimentos, pressões, num lugar em que até o prefeito raramente parece capaz de controlar seja o que for? Eu posso entender o significado de poder no deserto; a importância dos ritos do poder; o súbito esclarecimento da consciência, que nos atinge quando estamos sós com a natureza — tudo isso faz sentido. Mas, e num gabinete do trigésimo oitavo andar de um grande edifício em que trabalham milhares de pessoas? Como é que se busca o poder ali?

O meu amigo sorri. Há normas, e elas são as mesmas para todos — esta esplanada não é assim tão diferente de uma clareira da selva. O código do poder não muda só porque estamos no metrô, no Central Park ou num gabinete sem janelas em que tudo é de plástico. "Esta primeira norma", diz ele, "é simples. Funciona impecavelmente! Pratique cada ação como se isso fosse a única coisa que importa no mundo."

Eu posso perfeitamente entender isso. É um velho princípio de Zen — põe toda a tua alma e todo o teu ser e toda a tua vida no ato que estás praticando. Na arte zeniana de atirar setas, todo o teu ser joga a seta da vontade no centro do alvo com uma força invisível. Não se trata de uma questão de vencer, ou mesmo de cautela, trata-se apenas de tornar importantes para nós mesmos os atos que praticamos diariamente. Por menos importante que seja a tarefa, temos que ensinar a nós mesmos que ela importa. Se vamos intervir numa reunião, devemos fazê-lo no momento oportuno, preparar-nos para o que desejamos dizer, falar no momento crucial em que a nossa intervenção será escutada e considerada, estarmos seguros de que nos darão atenção. A não ser assim, é melhor ficar calado. É preferível não fazer coisa nenhuma a fazer uma coisa malfeita.

"Segunda norma: nunca reveles aos outros tudo a teu respeito; guarda alguma coisa de reserva, para que eles nunca tenham a certeza de que realmente te conhecem."

Também entendo isso. Não quer dizer que alguém em busca de poder deva guardar segredo — segredo não é truque, de modo algum. É mais uma questão de a gente se manter levemente misteriosa, como se sempre fosse possível fazermos algo de inesperado e de surpreendente. Muitas pessoas são tão previsíveis e revelam tanto a seu respeito que aquelas que não o fazem adquirem automaticamente uma espécie de poder. Por essa razão, é importante largar o hábito auto-indulgente de falarmos de nós próprios. O poderoso prefere escutar e, quando *fala* a seu respeito, é para mudar o assunto da conversa. Os bons jogadores percebem sempre quando alguém está para lhes pedir algo que não querem fazer, e então, com toda a naturalidade, mas também com toda a firmeza, mudam a conversa para um nível pessoal. Um dos melhores jogadores que conheço pode falar a seu respeito durante horas, ao mais ligeiro sinal de oposição ou de pedido que está para lhe ser feito. Mesmo assim, não revela coisa nenhuma. Uma vez dá a impressão de ter dois filhos; outra vez, três; vez por outra, nenhum; e, em várias ocasiões, tem dado a entender que é graduado de Yale, de Harvard, de Stanford e de Ol'Miss. Existe certa confusão sobre se ele é ou não judeu ou protestante, pois ele já afirmou ser as duas coisas e ainda se benze quando passa em frente à catedral de St. Patrick. Ninguém realmente sabe a verdade a respeito dele, e por isso o respeitam. Quando chegamos a saber tudo a respeito de uma pessoa, deixando-a seca como um limão espremido, ela não serve para mais nada, não tem mais interesse para nós, podemos jogá-la fora.

"Terceira norma: aprende a usar o tempo e pensa nele como um amigo, não como um inimigo. Não o desperdices indo atrás de coisas que não desejas."

* * *

Usar o tempo! É claro, mas como raramente o fazemos! O tempo é que nos usa, nós somos meramente seus servos. Lutamos contra ele, como se ele fosse o inimigo, tentando fazer caber duas horas de trabalho dentro de vinte e cinco minutos, se somos ambiciosos, ou esticar o trabalho de vinte e cinco minutos ao longo de duas horas, se não somos. Os poderosos dedicam ao que estão fazendo exatamente o tempo que querem ou de que necessitam. Não tentam responder a dois telefonemas ao mesmo tempo; nem principiam uma reunião e depois a interrompem sem chegar a uma conclusão, porque "o tempo se esgotou"; nem interrompem uma conversa para principiar outra. Eles não se importam de estar atrasados, de perder chamados telefônicos, de adiar o trabalho de hoje para amanhã, caso tenham que fazê-lo. Os acontecimentos não os controlam, eles é que controlam os acontecimentos.

"Quarta norma: aprende a aceitar os teus erros. Não sejas perfeccionista a respeito de tudo."

Uma boa verdade. Metade

das pessoas que conhecemos ficaram sem poder por causa do seu desejo de perfeição, como se um erro pudesse destruí-las. Os poderosos aceitam a necessidade de correr riscos e de não ter razão. Não perdem tempo justificando os erros nem tentando transformá-los em decisões corretas. Nada torna a gente mais boba ou impotente do que a incapacidade de admitir um erro.

"Última norma: não faças ondas; move-te suavemente, sem complicar as coisas."

Também isso faz sentido, mesmo no nosso mundo. Metade da arte do poder consiste em dar um jeito para que as coisas aconteçam do modo que a gente quer: exatamente como um bom caçador, que se mantém num lugar e faz com que a caça venha a ele, em vez de a perseguir. A arte do caçador não está deslocada no nosso mundo; apenas deve ser diferentemente aplicada.

Meu amigo sorri novamente. "Que mais posso eu dizer?", pergunta, voltando-se para o edifício ao sul do parque. "É o teu mundo. Tu o esburacaste — telefones, máquinas de telex, cartões de crédito, e tudo o mais. Por mim, eu não me importaria de viver nele todo o tempo. Não estou interessado em negociar contrastes, ou comprar um carro novo, ou dirigir uma empresa — não temos os mesmos desejos e as mesmas ambições. Mas eu poderia viver aqui tão facilmente como vivo em qualquer outro lugar. Tu apenas precisas de poder. E, desde que *tu* vives nele, tens que examinar este teu mundo fria e claramente, como se a tua vida dependesse dele. Porque realmente depende."

Vivemos numa sociedade de massa, como unidades de um rebanho, e a sabedoria convencional nos ensina que a segurança está em seguir o rebanho. Mas o meu amigo tem razão: o homem não é um animal de rebanho; sua segurança está na sua habilidade como caçador, na sua capacidade de agir e de existir sozinho. *Entender* o rebanho faz parte da habilidade do caçador, esconder-se no rebanho é uma decepção útil, mas ele não pode *fazer parte* do rebanho sem sacrificar a essência de sua natureza.

Quanto mais mecânico e complicado for o nosso mundo, mais precisaremos da simplicidade do poder para nos guiar e proteger. É o único dom que nos permite continuar sendo humanos num mundo desumano — porque o amor do poder é o amor por nós mesmos.

PODER SEM LIMITES
Anthony Robbins
Formato 14 X 21
390 pág.
22ª edição
Editora Best Seller
C. postal 9442
São Paulo
(Ver pág. 119)

As Sete "Mentiras" do Sucesso

ANTHONY ROBBINS

Pessoas de sucesso progridem? Certo que sim. Crenças afirmativas sempre garantem resultados? Claro que não. Se alguém lhe diz que conseguiu uma fórmula mágica para garantir sucesso perpétuo e perfeito, é melhor que você agarre sua carteira e comece andando em direção oposta. Mas a história tem mostrado, de tempos em tempos, que se pessoas mantêm o sistema de crença que as fortalece, continuarão voltando com ações e recursos bastantes para finalmente serem bem-sucedidas. Abraham Lincoln perdeu algumas eleições importantes, mas continuou a acreditar em sua capacidade de ser bem-sucedido a longo prazo. Ele se permitiu ser fortalecido pelo sucesso, e recusou-se a ficar amedrontado por seus fracassos. Seu sistema de crença estava engrenado em direção à excelência, e finalmente conseguiu-a. Quando o fez, mudou a história de seu país.

Algumas vezes, não é necessário ter uma tremenda crença ou atitude sobre alguma coisa, a fim de ter sucesso. Algumas vezes as pessoas conseguem resultados de destaque, simplesmente porque não sabiam que aquilo era difícil ou impossível. Algumas vezes não ter uma crença limitadora já é suficiente. Como exemplo, temos a história de um jovem que adormeceu durante a aula de matemática. Acordou quando o sino tocou, olhou para o quadro-negro, e copiou os dois problemas que estavam lá. Ele achou que eram a tarefa de casa, para a noite. Foi para casa e trabalhou todo o dia e toda a noite. Não podia resolver nenhum deles, mas continuou tentando durante o resto da semana. Por fim, conseguiu a resposta para um deles, levou-a para a aula. O professor ficou absolutamente pasmado. Acontece que o problema que resolvera era considerado insolúvel. Se o estudante soubesse disso, é provável que não o tivesse resolvido. Mas, uma vez que não disse a si mesmo que não poderia ser feito, ele o conseguiu. Na verdade, foi bem o oposto: ele pensou que tinha de resolvê-lo, e foi capaz de encontrar um jeito de fazê-lo.

Outra maneira de mudar sua crença é ter uma experiência que a desaprove. Essa é outra razão pela qual fazemos o passeio no fogo. Eu não me preocupo se as pessoas podem andar no fogo, mas me preocupo que possam fazer alguma coisa que pensavam ser impossível. Se você pode fazer algo que pensava ser impossível, isso faz com que repense suas crenças.

A vida é mais sutil e mais complexa do que alguns de nós gostamos de acreditar. Assim, se você ainda não o fez, reveja suas crenças e decida quais as que você deve mudar agora e para que mudaria essas crenças.

A questão seguinte é: A figura abaixo é côncava ou convexa?

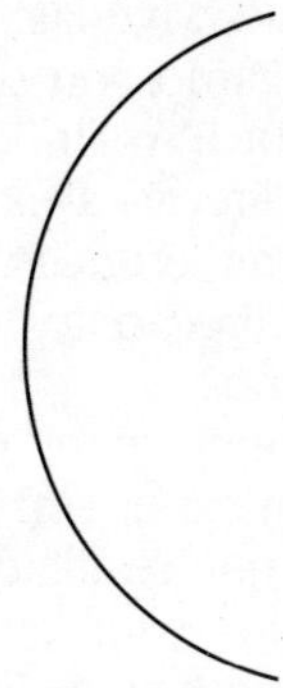

É uma questão tola. A resposta é: depende de como a está olhando. Sua realidade é a realidade que você cria. Se tem representações internas positivas ou crenças, é porque as criou. Se as tem negativas, você também criou. Há um número de crenças que favorecem a excelência, mas escolhi sete que me parecem bastante importantes. Vamos conhecê-las.

* * *

O mundo em que vivemos é o mundo que escolhemos para viver, quer consciente ou inconscientemente. Se escolhermos felicidade, é o que teremos. Se escolhermos miséria, assim será, também. Como aprendemos no capítulo anterior, a crença é o alicerce da excelência. Nossas crenças são abordagens específicas, organizáveis e coerentes da percepção. São as escolhas fundamentais que fazemos sobre como entender nossas vidas e, assim, como vivê-las. São com elas que ligamos ou desligamos nosso cérebro. Assim, o primeiro passo em direção à excelência é encontrar as crenças que nos guiem em direção aos resultados que queremos.

O caminho para o sucesso consiste em saber seu resultado, agir, saber que resultados se está conseguindo e ter flexibilidade para mudar até se ter sucesso. O mesmo é verdade para as crenças. Você tem de encontrar as crenças que apóiam seu resultado, as crenças que o levem aonde quer ir. Se suas crenças não fazem isso, você tem de pegá-las e tentar alguma coisa nova.

As pessoas, às vezes, ficam desconcertadas, quando falo sobre as "mentiras" do sucesso. Quem quer viver de mentiras? Mas tudo que quero dizer é que não sabemos como o mundo é, na realidade. Não sabemos se a linha é côncava ou convexa. Não sabemos se nossas crenças são verdadeiras ou falsas. No entanto, o que podemos saber é se elas funcionam, se nos apóiam, se fazem nossas vidas mais ricas, se nos fazem pessoas melhores, se ajudam a nós e aos outros.

A palavra "mentiras" é usada neste capítulo como um consistente lembrete de que não sabemos ao certo como são as coisas com exatidão. Uma vez que sabemos que a linha é côncava, por exemplo, não estamos mais livres para vê-la como convexa. A palavra "mentira" não significa "ser enganoso ou desonesto". Antes, é uma maneira útil de nos lembrar que, não importa o quanto acreditemos num conceito, devemos ser abertos para outras possibilidades e contínuo aprendizado. Sugiro que olhe para estas sete crenças e decida se são úteis para si. Encontrei-as repetidas vezes em pessoas de sucesso que modelei. Para modelar excelência, temos de começar com os sistemas de crença da excelência. Descobri que estas sete crenças fortaleceram pessoas a usarem, fazerem mais, adotarem maiores medidas e produzirem maiores resultados. Não estou dizendo que são as únicas crenças úteis do sucesso. São um começo. Elas funcionaram para outros, e gostaria que vissem se funcionam para você.

Crença 1

Tudo acontece por uma razão e um fim, e isso nos serve. Lembra-se da história de W. Mitchell? Qual foi a crença central que o ajudou a superar a adversidade? Ele decidiu aproveitar o que acontecera e trabalhar com isso a seu favor, de todo modo que pudesse. Da mesma forma, todas as pessoas de sucesso têm a estranha capacidade de focalizar o que é possível numa situação, que resultados positivos podem vir dela. Não importa quão negativo seja o "retorno" ou *feedback* que tragam de seu ambiente, elas pensam em termos de possibilidade. Pensam que tudo acontece por uma razão, e isso as satisfaz. Acreditam que toda adversidade contém a semente de um benefício equivalente ou maior.

Posso garantir-lhe que pessoas que conseguem resultados relevantes pensam dessa forma. Pense sobre isso em sua própria vida. Há um infinito número de maneiras de reagir a cada situação. Digamos que sua firma falha ao tentar conseguir um contrato com o qual você tinha contado, um contrato que você estava certo de que merecia. Alguns de nós ficariam magoados e frustrados. Podemos sentar em casa e lastimar, ou sair e nos embebedar. Alguns ficariam loucos. Podemos culpar a companhia que julgou o contrato, imaginando que são um bando de indivíduos ignorantes. Ou podemos nos culpar por arruinarmos uma coisa tida como certa.

Tudo isso pode nos ajudar a desabafar um pouco, mas não resolverá o problema. Não nos deixa mais próximos do resultado desejado. É preciso muita disciplina para sermos capazes de refazer nossos passos, aprender lições penosas, reparar falhas e dar uma boa olhada nas novas possibilidades. Mas é a única maneira de extrair um resultado positivo do que parecia um resultado negativo.

Deixe-me dar-lhe um bom exemplo de possibilidade. Marilyn Hamilton, uma antiga professora e rainha de beleza, é uma mulher de negócios bem-sucedida em Fresno, Califórnia. É também a sobrevivente de um terrível acidente. Quando tinha 21 anos, caiu num terreno pedregoso, num acidente de vôo livre, que a deixou em cadeira de rodas, paralisada da cintura para baixo.

Marilyn certamente podia ter se concentrado numa porção de coisas que não podia mais fazer. Porém, concentrou-se nas possibilidades que estavam abertas para ela. Tentou ver, na tragédia, a oportunidade. A princípio, ficou frustrada com sua cadeira de rodas. Achou-a muito apertada e restritiva. Nem você nem eu podemos provavelmente ter qualquer idéia de como julgar a eficiência de uma cadeira de rodas. Mas Marilyn Hamilton podia. Ela imaginou-se como a única capacitada para desenhar uma melhor. Assim, juntou-se a dois amigos que faziam asas-delta e começaram a trabalhar num protótipo de uma cadeira de rodas melhor.

Os três formaram uma companhia chamada Motion Designs. É agora uma história de sucesso de muitos milhões de dólares, que revolucionou a indústria de cadeiras de rodas e tornou-se a Pequena Empresa do Ano da Califórnia, em 1984. Empregaram seu primeiro funcionário em 1981 e agora têm oitenta, e mais de oitocentos revendedores.

Não sei se Marylin Hamilton, alguma vez, sentou-se conscienciosamente e tentou imaginar suas crenças, mas ela atuou a partir de um sentido dinâmico de possibilidade, um sentido do que podia fazer. Em verdade, todos os grandes sucessos trabalham no mesmo esquema.

Pare um momento para pensar, outra vez, em suas crenças. Em geral você espera que as coisas funcionem bem ou mal? Você espera que seus melhores esforços sejam um sucesso, ou espera que sejam contrários? Você vê o potencial em uma situação ou vê os obstáculos? Muitas pessoas tendem a enfocar o negativo mais que o positivo. O primeiro passo para mudar isso é reconhecer. Crença em limites cria passos limitados. A chave é pôr de lado essas limitações e atuar com base num conjunto mais alto de recursos. Em nossa cultura, os líderes são as pessoas que vêem as possibilidades, que podem ir a um deserto e ver um jardim. Impossível? O que aconteceu em Israel? Se você tiver uma forte crença na possibilidade, é certo que poderá consegui-la.

Crença 2

Não há essa coisa chamada fracasso. Há somente resultados.

Esta crença é quase um corolário do número um, e é também importante em si mesma. Muitas pessoas em nossa cultura foram programadas para temer essa coisa chamada fracasso. No entanto, todos nós podemos pensar em ocasiões em que quisemos uma coisa e conseguimos outra. Fomos todos reprovados num teste, sofremos por um romance frustrante que não deu certo, montamos um plano de negócios para ver tudo sair errado. Usei as palavras "efeito" e "resultados" porque é o que as pessoas bem-sucedidas vêem. Elas não vêem fracasso. Não acreditam nele. Isso não conta.

As pessoas sempre conseguem alcançar algum tipo de resultado. Os supersucessos de nossa cultura não são pessoas que não falham, mas simplesmente pessoas que sabem que se tentarem alguma coisa e não obtiverem o resultado desejado, pelo menos tiveram uma experiência de aprendizado. Elas usam o que aprenderam e tentam alguma coisa. Tomam algumas novas medidas e produzem alguns novos resultados.

Pense nisso. Qual é o único item, o único benefício que você tem hoje a mais que ontem? A resposta, claro, é experiência. Pessoas que temem o fracasso fazem com antecedência representações internas do que poderá não funcionar. É isso que não lhes permite tomar a única medida que poderia assegurar o cumprimento de seus desejos. Você tem medo de fracasso? Bem, como se sente sobre o aprendizado? Você pode aprender com cada experiência humana e pode, por meio disso, ter sucesso em qualquer coisa que faça.

Certa vez, Mark Twain disse: "Não há visão mais triste do que um jovem pessimista". Ele estava certo. Pessoas que acreditam em fracasso têm quase garantida uma existência medíocre. Fracasso é alguma coisa que só não é percebida por pessoas que conseguiram grandeza. Elas não residem com ele. Não juntam emoções negativas a alguma coisa que não funciona.

Deixe-me compartilhar com vocês a história da vida de alguém. Era um homem que:

Faliu no negócio com 31 anos de idade.

Foi derrotado numa eleição para o Legislativo com 32 anos.

Faliu outra vez no negócio aos 34 anos.

Superou a morte de sua namorada aos 35.

Teve um colapso nervoso quando tinha 36 anos.

Perdeu uma eleição com a idade de 38.

Perdeu nas eleições para o Congresso aos 43, 46 e 48.

Perdeu uma disputa para o Senado com a idade de 55.

Fracassou na tentativa de tornar-se vice-presidente aos 56 anos.

Perdeu uma disputa senatorial aos 58 anos.

Foi eleito presidente dos Estados Unidos aos 60 anos.

O nome do homem é Abraham Lincoln. Poderia ele ter se tornado presidente se tivesse visto suas perdas nas eleições como fracassos? É pouco provável. Há uma famosa história sobre Thomas Edison. Após ter tentado 9.999 vezes aperfeiçoar a lâmpada e não ter conseguido, alguém perguntou-lhe: "Você vai ter dez mil fracassos?" E ele respondeu: "Não falhei. Acabo de descobrir outra maneira de não inventar a lâmpada elétrica". Tinha descoberto como outro conjunto de ações produzira um resultado diferente.

"Nossas dúvidas são traidoras,
E nos fazem perder o bem que
sempre poderíamos ganhar,
Por medo de tentar."
William Shakespeare

Vencedores, líderes, mestres — pessoas com poder pessoal —, todos entendem que se você tentar alguma coisa e não conseguir o efeito que quer, isso é simplesmente *feedback*. Você usa essa informação para fazer distinções mais precisas sobre o que necessita para produzir os resultados que deseja. Certa vez, Buckminster Fuller escreveu: "Qualquer coisa que os seres humanos aprenderam tiveram de aprendê-lo como conseqüência do processo de tentativa e erro. Os humanos só aprenderam através de erros". Algumas vezes aprendemos com nossos erros, outras vezes com os erros de outros. Pare um minuto para refletir sobre os cinco maiores, assim chamados, "fracassos" de sua vida. O que aprendeu com essas experiências? É provável terem sido algumas das mais valiosas lições que aprendeu na vida.

Fuller usa a metáfora do leme de um navio. Diz que quando o leme está em ângulo em relação a um outro lado, o navio tende a manter o rumo, sem a intenção do timoneiro. Ele tem de corrigir o rumo, movendo-o para trás, em direção à posição original, em um processo interminável de ação e reação, ajustamento e correção. Imagine isso em sua mente — um timoneiro em mar tranqüilo, dirigindo seu barco mansamente em direção a seu destino, superando milhares de inevitáveis desvios de sua rota. É uma imagem agradável, e é um lindo modelo para o processo de viver com sucesso. Mas a maioria de nós não pensa dessa maneira. Cada erro, cada engano tende a fixar-se na bagagem emocional. É um fracasso que se reflete muito mal em nós.

Muitas pessoas, por exemplo, ficam desanimadas porque são gordas. Suas atitudes com relação à obesidade não mudam em nada. Em vez disso, poderiam admitir o fato de que estão tendo sucesso na obtenção de um resultado chamado excesso de gordura e que agora vão conseguir um novo resultado chamado ser magro. Conseguiriam esse novo resultado praticando novas ações.

Se você não estiver certo de que ações precisa para conseguir esse resultado, imagine alguém que conseguiu o resultado chamado ser magro. Descubra que ações específicas essa pessoa consegue, mental e fisicamente, para permanecer sempre magra. Consiga as mesmas ações e conseguirá os mesmos resultados. Enquanto encarar seu excesso de peso como um fracasso, você estará imobilizado. No entanto, no minuto em que mudá-lo para um resultado que conseguiu, portanto um resultado que você pode mudar outra vez, então seu sucesso estará garantido.

A crença no fracasso é um modo de envenenar a mente. Quando armazenamos emoções negativas, afetamos nossa fisiologia, nosso processo mental e nosso estado. Uma das maiores limitações de grande parte das pessoas é seu modo de fracassar. O dr. Robert Schuller, que ensina o conceito de pensamento de possibilidade, faz uma grande pergunta: "O que você tentaria fazer se soubesse que não poderia fracassar?" Pense nisso. Como responderia? Se realmente acreditasse que não poderia falhar, poderia adotar toda uma série nova de medidas e conseguir novos resultados desejados, fortalecedores. Não estaria você ficando melhor, tentando-os? Não é essa a única maneira de crescer? Portanto, sugiro que comece a compreender agora que não existe coisa como o fracasso. Há somente resultados. Você sempre produz um resultado. Se não é aquele que deseja, pode só mudar suas ações e produzirá novos resultados. Corte a palavra "fracasso", assinale a palavra "resultado" neste livro, e comprometa-se a aprender com toda a experiência.

Crença 3

Qualquer coisa que aconteça, assuma a responsabilidade. Outro atributo que os grandes líderes e realizadores têm em comum é que operam a partir da crença de que criaram o mundo deles. A frase que ouvirá com freqüência é: "Sou responsável. Cuidarei disso".

Não é coincidência você ouvir o mesmo ponto de vista muitas vezes. Os realizadores tendem a acreditar que, não importa o que aconteça, seja bom ou mau, eles o criaram. Se não realizaram isso com suas ações físicas, talvez o fizeram pelo nível e teor de seus pensamentos. Agora, não sei se isso é verdade. Nenhum cientista pode provar que seus pensamentos criaram sua realidade. Mas é uma mentira útil. É uma crença fortalecedora. Por isso prefiro acreditar nela. Acredito que geramos nossas experiências na vida, seja por comportamento ou pensamento, e que podemos aprender com todas elas.

Se você não acredita que está criando o seu mundo, sejam seus sucessos ou fracassos, então está à mercê das circunstâncias. As coisas simplesmente acontecem com você. Você é um objeto, não um sujeito. Deixe-me contar-lhe: se eu tivesse essa crença, partiria agora e procuraria outra cultura, outro mundo, outro planeta. Por que ficar aqui se você é só o produto de forças externas do acaso?!...

Assumir responsabilidade é, na minha opinião, uma das melhores medidas do poder e maturidade de uma pessoa. É também um exemplo de crença apoiando outras crenças, de capacidade sinergética de um sistema coerente de crenças. Se você não acredita em fracasso, se sabe que atingirá seu efeito, não tem nada a perder e tudo a ganhar assumindo responsabilidade. Se você estiver no controle, terá sucesso.

John F. Kennedy tinha seu sistema de crenças. Dan Rather certa vez disse que Kennedy tornou-se um verdadeiro líder durante o incidente da Baía dos Porcos (a fracassada invasão de Cuba), quando, perante o povo norte-americano, disse que aquilo fora uma atrocidade que nunca deveria ter acontecido — e, então, assumiu total responsabilidade pelo fato. Quando fez isso, transformou-se de jovem político hábil em verdadeiro líder. Kennedy fez o que todo grande líder deve fazer. Aqueles que assumem responsabilidade estão com força. Aqueles que evitam-na, estão enfraquecidos.

O mesmo princípio de responsabilidade mantém-se verdadeiro também em nível pessoal. Quase todos nós tivemos a experiência de tentar expressar uma emoção positiva para alguém. Tentamos dizer a alguém que o amamos, ou que entendemos o problema que está tendo. Mas, se, em vez de passarmos essa mensagem positiva, esse alguém a entende como negativa, fica transtornado e hostil. Em geral, nossa tendência é de também ficarmos aborrecidos, culpá-los, torná-los responsáveis por qualquer mal-entendido que tenha surgido. Essa é a maneira mais fácil, mas nem sempre a mais sábia. O fato é que sua comunicação pode ter sido o acionador. Você ainda pode produzir o resultado de comunicação que deseja, se lembrar seu efeito, isto é, o comportamento que quer criar. Compete a você mudar seu comportamento — tom de voz, expressões faciais, e assim por diante. Dizemos que o sentido da comunicação é a resposta que obtém. Mudando suas ações, você pode mudar sua comunicação. Retendo responsabilidade, você retém o poder de mudar o resultado que produz.

Crença 4

Não é necessário entender tudo para ser capaz de usar tudo. Muitas pessoas bem-sucedidas vivem pela crença útil de outras. Elas não acreditam que precisam saber tudo sobre tudo, a fim de usá-las. Sabem como usar o que é essencial, sem sentir necessidade de aprofundar-se em cada detalhe. Se você estudar pessoas que estão com poder, descobrirá que têm um conhecimento elaborado sobre uma porção de coisas, mas freqüentemente têm pouco domínio de todo e *cada* detalhe de seu empreendimento.

Falamos em outra parte sobre como a modelagem pode salvar, para as pessoas, um de nossos insubstituíveis recursos — o tempo. Observando as pessoas de sucesso, a fim de descobrir que ações específicas criam para conseguir resultados, nos tornamos capazes de duplicar suas ações e, assim, seus resultados, em muito menos tempo. Tempo é uma das coisas que ninguém pode criar para você. Mas realizadores invariavelmente conseguem ser avaros de tempo. Eles extraem a essência de uma situação, tiram o que precisam, e não se detêm no resto. É claro que, se estiverem intrigados com alguma coisa, se quiserem entender como um motor funciona, ou como um produto é manufaturado, usam um tempo extra para aprender. Mas estão sempre conscientes do que mais precisam. Sempre sabem o que é essencial e o que não é.

Aposto que se eu lhe perguntar como funciona a eletricidade, você virá com alguma coisa entre uma resposta confusa e uma esquemática. Mas, de qualquer forma, está feliz por poder dar um toque no comutador e acender as luzes. Duvido que muitos de vocês estejam, agora, sentados em suas casas, lendo este livro, à luz de velas. Pessoas de sucesso são boas em fazer distinções entre o que é necessário para elas entenderem e o que não é. A fim de, eficientemente, usar as informações deste livro, e de usar tudo que você é nesta vida, deve descobrir que há um equilíbrio entre uso e conhecimento.

Você pode passar todo seu tempo estudando as raízes, ou pode aprender a colher o fruto. Pessoas de sucesso não são sempre as de maiores informações, ou maior conhecimento. É provável que haja muitos cientistas e engenheiros na Stanford e Cal Tech que saibam mais sobre componentes de circuito de computadores do que Steven Jobs ou Steven Wozniak, mas eles são alguns dos mais eficientes em usar o que têm. São eles os que conseguem resultados.

Crença 5

As pessoas são os seus maiores recursos. Indivíduos de excelência, isto é, pessoas que conseguem resultados notáveis, quase universalmente têm um tremendo senso de respeito e apreciação pelas pessoas. Têm um senso de equipe, de interesse comum e unidade. Se há alguma perspicácia no conteúdo da nova geração de livros sobre negócios, como *Innovation and Entrepreneurship, In Search of Excellence*, ou *The One Minute Manager*, é que não há sucesso duradouro sem relação entre as pessoas, e que a maneira de ser bem-sucedido é formar uma equipe de sucesso que esteja trabalhando junto. Todos nós vimos relatórios sobre fábricas japonesas, onde trabalhadores e diretoria fazem as refeições no mesmo refeitório e onde ambos se entrosam para avaliar desempenhos. Seus sucessos refletem as maravilhas que podem ser realizadas quando respeitamos as pessoas, em vez de tentar manipulá-las.

Quando Thomaz J. Peters e Robert H. Waterman Jr., autores do *In Search of Excellence*, apuraram os fatores que tornam grandes as empresas, uma das coisas-chave que encontraram foi a intensa atenção para com as pessoas. "Dificilmente há um tema mais penetrante em empresas excelentes do que o respeito pelo indivíduo", escreveram.

Empresas bem-sucedidas são aquelas que tratam as pessoas com respeito e dignidade, que olham seus empregados como sócios, não como ferramentas. Notaram que, num estúdio, dezoito dos vinte executivos da Hewlett-Packard entrevistados disseram que o sucesso da companhia dependia da filosofia das pessoas orientadas pela HP. A HP não é um varejo negociando com o público, ou uma companhia de serviços dependentes de boa vontade. É um negócio dentro das mais complexas fronteiras da moderna tecnologia. Mas mesmo lá está claro que lidar com eficiência com pessoas é visto como o desafio predominante.

Como muitas das crenças apresentadas aqui, esta agora é mais fácil de fingir-se que é aceita do que se adotada na realidade. É fácil concordar com a idéia de tratar as pessoas, sejam de sua família ou no serviço, com respeito. Não é sempre tão fácil fazê-lo.

Enquanto você lê este livro, tenha em mente a imagem de um timoneiro reajustando a rota de seu navio, enquanto se desloca em direção a seu destino. Com a vida é a mesma coisa. Temos de nos manter sempre alertas, reajustar nosso comportamento e recalibrar nossas ações, para termos certeza de estarmos indo aonde queremos. Dizer que você trata as pessoas com respeito e fazê-lo não é a mesma coisa. Aqueles que são bem-sucedidos são mais eficientes em dizer aos outros: "Como podemos fazer isso melhor?" "Como podemos aceitar isso?" "Como podemos conseguir resultados maiores?" Eles sabem que para um homem sozinho, não importa quão brilhante seja, será muito difícil igualar os talentos todos de uma equipe eficiente.

Crença 6

Trabalho é prazer. Você conhece alguma pessoa que alcançou grande sucesso fazendo o que odeia? Eu não. Uma das chaves do sucesso é fazer um casamento bem-sucedido entre o que você faz e o que você gosta. Pablo Picasso certa vez disse: "Quando trabalho, descanso; fazer nada ou entreter visitantes deixa-me cansado".

Podemos não pintar tão bem como Picasso, mas todos nós podemos fazer o melhor para encontrar trabalho que nos revigore e excite. E podemos trazer para o que quer que façamos no trabalho muitos dos aspectos do que fazemos no prazer. Mark Twain disse: "O segredo do sucesso é fazer de sua vocação sua distração". É isso que pessoas bem-sucedidas parecem fazer.

Ouvímos muito sobre maníacos por trabalho, nestes dias. E há algumas pessoas para quem o trabalho tornou-se algo como uma obsessão, pouco saudável. Parecem não conhecer nenhum prazer fora do seu trabalho, mas chegam ao ponto de não poderem fazer mais nada.

Os pesquisadores estão encontrando coisas surpreendentes sobre alguns maníacos por trabalho. Há alguns que parecem loucamente concentrados no trabalho porque o amam. Isso os desafia, excita-os a olhar o trabalho de modo como a maioria de nós olha o prazer. Eles vêem-no como uma maneira de expandir-se, aprender novas coisas, explorar novos caminhos.

Alguns tipos de trabalho conduzem mais a isso do que outros? Claro que sim. A chave é dirigir seu caminho para aqueles empregos. Uma daquelas espirais ascendentes está trabalhando aqui. Se puder encontrar meios criativos para fazer seu trabalho, isso o ajudará a mover-se em direção ao trabalho que é até melhor. Se você decide que trabalho é algo enfadonho, é só uma maneira de trazer para casa o pagamento, é provável que nunca será alguma coisa a mais.

Falamos antes sobre a natureza sinérgica de um sistema de crença coerente, a maneira positiva como crenças apóiam outras crenças positivas. Este é outro exemplo. Não penso que existam quaisquer trabalhos sem alternativas. Há somente pessoas que perderam o senso de possibilidade, pessoas que decidiram não assumir responsabilidades, pessoas que decidiram acreditar no fracasso. Não estou sugerindo que você deva se tornar um maníaco por trabalho. Não estou sugerindo que você deva fazer seu mundo girar em torno de seu trabalho. Mas estou sugerindo que enriquecerá seu mundo e trabalho se trouxer para ele a mesma curiosidade e vitalidade que traz para seu lazer.

Crença 7

Não há sucesso permanente sem confiança. Indivíduos que têm sucesso têm crença no poder da confiança. Se há uma única crença que parece quase inseparável do sucesso é a de que não há grande sucesso sem grande confiança. Se você olhar para as mais bem-sucedidas pessoas em qualquer campo, descobrirá que não são necessariamente as melhores e as mais brilhantes, as mais rápidas e as mais fortes. Descobrirá que são aquelas com a maior confiança. A grande bailarina russa Anna Pavlova disse certa vez: "Seguir um objetivo sem parar, esse é o segredo do sucesso". É só outra maneira de exprimir nossa Fórmula do Sucesso Definitivo — conhecer seu efeito, modelar o que funcione, tomar medidas, desenvolver o sentido de perspicácia para saber o que está conseguindo e continuar aprimorando-o até conseguir o que quer.

Vemos isso em qualquer campo, mesmo naqueles em que a habilidade natural parece ter o maior domínio. Nos esportes, por exemplo. O que faz de Larry Birds um dos melhores jogadores de basquete? Muitas pessoas ainda estão imaginando. Ele é lento. Não pode pular. Num mundo de donzelas graciosas, ele algumas vezes parece estar jogando em câmera lenta. Mas quando chega o momento exato, Larry Birds tem sucesso porque tem uma confiança imensa na vitória. Ele pratica com afinco, tem mais obstinação mental, joga com mais garra, ele quer mais. Consegue mais de suas habilidades que quase todos os outros. Pete Rose abriu seu caminho para o *Livro dos Recordes* da mesma maneira, usando com freqüência seu compromisso para com a excelência, como uma força que o dirigia para pôr tudo que podia em tudo que fazia. Tom Watson, o grande golfista, não era nada especial em Stanford. Era só outro garoto no time. Mas seu treinador ainda se maravilha com Watson, dizendo: "Nunca vi alguém praticar tanto". A diferença de puras habilidades físicas entre os atletas raras vezes diz alguma coisa. É a qualidade do compromisso que separa os bons dos grandes.

Compromisso é um componente importante do sucesso em qualquer campo. Antes de atingir o apogeu, Dan Rather era uma lenda como o mais esforçado repórter de televisão em Houston. Eles ainda falam de quando fez uma reportagem pendurado numa árvore, enquanto um furacão rugia em direção à costa do Texas. Ouvi, outro dia, alguém falar sobre Michael Jackson, e dizer que ele foi um milagre surgido da noite para o dia. Milagre da noite para o dia? Michael Jackson tem grande talento? Certo, ele tem. Ele trabalhou esse talento desde os cinco anos de idade. Tem dado espetáculos desde então, praticando o seu canto, aperfeiçoando sua dança, escrevendo suas canções. É claro que tinha algum talento natural. Ele também cresceu num ambiente que o ajudou, desenvolveu sistemas de crença que o estimularam, teve muitos modelos de sucesso disponíveis, teve uma família que o guiou. Mas o pano de fundo era que ele queria pagar o preço. Gosto de usar a expressão W.I.T. (Whatever It Takes), isto é, o que for necessário. As pessoas bem-sucedidas estão a fim de fazer o que for necessário para terem sucesso (sem, é claro, prejudicar alguém). Isso, tanto quanto alguma outra coisa, é o que as distingue das outras.

Existem mais crenças que favorecem a excelência? Certo que sim. Quanto mais você pensa nelas, tanto melhor. Através deste livro, você deve ficar ciente de distinções adicionais ou critérios que pode juntar. Lembre-se, o sucesso deixa pistas. Estude aqueles que são sucesso. Descubra as crenças-chave que têm e que intensificam a habilidade para tomar medidas efetivas consistentemente e produzir resultados relevantes. Essas sete crenças fizeram maravilhas para outros antes de você, e acredito que possam fazer maravilhas por você, se você puder comprometer-se com elas firmemente.

Quase posso ouvir alguns de vocês pensarem: bem, isso é um grande *se.* E se você tiver crenças que não o apóiem? E se suas crenças forem negativas e não positivas? Como mudamos as crenças? Você já deu o primeiro passo, estar consciente. Você sabe o que quer. O segundo passo é ação, aprendendo a controlar suas representações internas e crenças, aprendendo como dirigir seu cérebro.

PENSAMENTO DINÂMICO
Robert J. O'Reilly
Formato 14 X 21
228 pág.
Editora Cultrix
Tel.: (011) 272.1399
São Paulo
(Ver pág. 120)

O Sucesso é Pessoal

ROBERT J. O'REILLY

Recentemente, um amigo meu, que se ocupa do ramo de fundos mútuos, mostrou-me um trabalho escrito de que ele se servia em seu argumento de vendas. Esse trabalho conta, em poucas sentenças concisas, uma história verdadeira, muito impressionante, com vigorosa moral. E destina-se ela a dar a toda pessoa que leva sinceramente o sucesso a sério motivo para muita reflexão.

Principia tal história há muitos anos, quando um grupo dos magnatas financeiros mais bem-sucedidos do mundo se reuniu no Edgewater Beach Hotel em Chicago.

Na reunião daquele dia achavam-se presentes o presidente da Bolsa de Valores de Nova Iorque, o presidente da mais importante companhia autônoma de aços, um membro do Ministério dos Estados Unidos, o mais notável baixista (*) de Wall Street, o presidente do Bank of International Settlements, o mais hábil especulador do mercado de trigo e o chefe daquilo que se reconheceu ser o maior dos monopólios mundiais. E diziam que esses colossos em negócios controlavam, coletivamente, mais riqueza do que aquela que havia em todo o Tesouro dos E.U.A.!

Vamos adiantar o relógio do tempo até o presente e dar uma olhada nesses mesmos homens. O presidente da Bolsa de Valores, Richard Whitney, há pouco foi libertado da prisão de Sing

(*) Bolsista que joga na baixa do câmbio. (N. do T.).

Sing. O presidente da mais importante companhia autônoma de aços, Charles Schwab, nos últimos anos de sua existência viveu de dinheiro pedido emprestado e morreu falido. Albert Fall, membro do Ministério dos E.U.A., obteve indulto de prisão a fim de que pudesse morrer em casa. O mais notável baixista de Wall St., Jesse Livermore, suicidou-se. O presidente do Bank of Internacional Settlements, Leon Fraser., também cometeu suicídio. O mais hábil especulador do mercado de trigo, Arthur Cutten, faleceu no estrangeiro... insolvente. E o chefe do maior monopólio do mundo? Trata-se de Ivar Kreuger, e ele, do mesmo modo, já tirou a vida a si próprio.

Todos esses homens tinham conseguido riqueza material e posição muito além das expectativas do indivíduo comum. E, contudo, evidencia-se, por tal história, que há muita coisa mais a respeito do verdadeiro sucesso do que tão-somente dinheiro e posição social.

Note você que eu não tenho nenhuma intenção de censurar o dinheiro e a posição social. Sucede mesmo que eu os acho importantes. Julgo, no entanto, que o dinheiro e a posição social devem ser mantidos dentro da devida perspectiva. E isso quer dizer que devem ser considerados como subprodutos da conquista feliz, e não como um fim em si próprios.

O sucesso é uma palavra desprezível

Existe, atualmente, muita confusão a respeito da palavra "sucesso". Muita gente considera-a desprezível. É que a face reluzente da moeda representa o sucesso como o mais digno dos objetivos: o ponto final da conquista e da auto-satisfação. Vire, porém, a moeda e você verá o sucesso oculto num canto escuro — culpado de causar uma multidão de males, que vão desde a má saúde e más relações familiares até o materialismo egoísta.

Neste capítulo, você irá descobrir por que motivo essa é uma das palavras mais mal empregadas e mal interpretadas de nosso vocabulário. E irá descobrir também como o mau emprego dela pode, de fato, impedi-lo de ser bem-sucedido.

Os filmes cinematográficos atuais e os romances de sucesso, interessados mais na arte de comover do que na realidade, são responsáveis por grande parte dessa confusão. Tais apresentações fictícias, a julgar pelo texto de *Executive Suite* (*Conjunto Administrativo*), estão cheias de heróis do gênero de Horatio Alger (*), que, geralmente, costumam renunciar à família, aos

(*) Escritor norte-americano, 1834-1899. (N. do T.)

amigos e aos companheiros de trabalho, em favor da busca obsessiva de riqueza e poder pessoais.

A confusão torna-se maior ainda com as atitudes do tipo "as uvas estão verdes", assumidas por pessoas demasiadamente preguiçosas ou incapazes de abandonar hábitos arraigados. E, em conseqüência dessas deturpadas versões populares, muita gente fica com a impressão de que o sucesso significa pouco mais do que ultrapassar os "joões".

O sucesso é pessoal

Vamos, porém, refugar os preconceitos e dar uma boa olhada, direta e objetiva, no sucesso. Antes de mais nada, você talvez se surpreenda em saber que a palavra "sucesso" não possui, realmente, significado definido. O sucesso é pessoal — é a consecução seja do que for que você queira conseguir.

Na verdade, para algumas pessoas ele poderia significar ultrapassar os "joões"... se esse fosse o principal objetivo delas. Todavia, uma vez que as minhas necessidades e objetivos são diferentes dos do leitor, e que os dele são diferentes dos do seu vizinho ou colega de trabalho, de chofre se evidencia que o sucesso não é uma "meta-comum-de-todos", mas, antes, um objetivo específico, profundamente pessoal.

A grande maioria das pessoas não tem realmente a mais vaga idéia do que deseja de fato da vida. E, visto que tais pessoas não se deram ao trabalho de determinar o verdadeiro significado individual do sucesso, "compram de outrem a definição dessa palavra", que, em geral, vem a ser o sempre vulgar "não ficar atrás dos joões". E você, após exame mais rigoroso, talvez se ache dentro de semelhante grupo.

Não faz muito tempo, estive conversando com Ed Van Nuis, presidente da filial da Filadélfia da Executive Job Counselors, Inc. Segundo Ed, esta é a principal companhia do seu ramo — o de dar consultas individuais a diretores de empresa e a profissionais que tenham problemas relacionados com sua carreira. A grande maioria dos homens que procuram a firma de Ed é constituída de pessoas de administração intermediária, na casa dos 35 a 45 anos de idade.

E Ed Van Nuis frisou: "Eles vêm a nós porque desejam obter maior sucesso... mas pouquíssimos sabem realmente o que é que estão procurando ou como o conseguir". Note você que não se trata de pessoas que acabam de salientar-se na profissão. Mesmo assim, a maior parte delas ainda não tem uma idéia clara do que procura na vida!

Dentro do meu próprio campo de experiência, segundo mencionei no prefácio, nos últimos três anos efetuei mais de 3.000 entrevistas pessoais. Em todas elas, fiz esta única pergunta importante: "O que o sucesso significa para você?" As respostas foram tão banais e repisadas que mais pareciam disco rachado de vitrola. Raras foram as respostas expressivas.

Todos nós conhecemos os buscadores de posição social, os perseguidores de símbolo e os que parecem passar a vida toda no ramerrão de uma luta infindável para ultrapassar os "joões". Não importa quanto tenham, nunca parecem estar felizes. Aborrecem-se com a vida em geral e consigo mesmos em particular; ainda assim, continuam a esforçar-se por obter mais. São essas as pessoas que consideram o sucesso uma palavra desprezível.

Atente para as sábias palavras do bilionário J. Paul Getty, que, num artigo publicado na revista *Playboy* e intitulado *"A Sense of Values"* (*Um Senso de Valores*), observa:

"Conheci perfeitamente inúmeras pessoas que passam a vida procurando ser o que outras querem que elas sejam, bem como fazendo aquilo que outras esperam que elas façam. Tais pessoas impõem a si mesmas padrões de comportamento que foram estabelecidos para (e por) criaturas com personalidade inteiramente diversa das suas. E, procurando amoldar-se a semelhantes padrões, dissolvem-se em grotescas e pálidas imagens refletidas, à medida que obliteram a própria individualidade para imitar outras. Desarraigadas, insatisfeitas, esforçam-se desvairadamente — e muitas vezes em vão — para encontrar a própria identidade dentro dos constrangedores limites de uma existência alheia às suas naturezas, instintos e desejos inatos."

"Eu queria ser escritor. Meu pai recusou-se a ouvir falar nisso e insistiu em que eu fosse para a Faculdade de Direito e me tornasse advogado. Ganho muito bem a vida agora, mas ando aborrecido e inquieto...."

"Gostaria de vender meu negócio e comprar uma fazenda de criação de gado em algum lugar. Minha esposa, porém, não mo permitirá, pois receia que isso signifique perda de renda e de prestígio..."

"Nada há que eu odeie mais do que a vida suburbana. Prefiro deveras ter um apartamento na cidade, porém todos os demais diretores de minha firma têm casa no subúrbio... de modo que tenho de ter a minha lá, também..."

"Sinto-me aprisionado, como se tivesse caído numa ratoeira sem saída. Realmente, não gosto, ou não me agrado, do meu trabalho, mas não sei o que mais poderia fazer e ganhar ainda tanto dinheiro quanto estou ganhando agora..."

Tenho ouvido declarações como essas, feitas com freqüência cada vez maior nos últimos anos. No fundo, são expressões de descontentamento pessoal... e mesmo de malogro. Elas, contudo, refletem também um mal social de nossa época, mal que se desenvolve de maneira constante.

A questão que estou tentando demonstrar é que cada indivíduo tem de estabelecer os seus próprios padrões de valores e que estes são, em grande parte, subjetivos. Baseiam-se naquilo que ele considera mais importante para a sua pessoa e no que está disposto a dar por certa coisa ou a fazer em troca de certo objetivo.

A fim de assegurar que o sucesso, quando vier, seja recompensador, é importante:

Determinar o que o sucesso significa realmente para você.

Ponha de lado todos os chavões a respeito do que o sucesso é e não é. Parta do nada. Pense nas coisas que lhe dão de fato satisfação pessoal. Talvez seja pintar um quadro ou construir algo em sua oficina. É possível ser a viva emoção de fechar uma grande venda ou de obter um lucro considerável no mercado de valores. Poderia ser inventar dispositivos mecânicos ou cultivar flores.

Sejam quais forem seus interesses, faça uma lista deles. Poderá haver duas listas: uma que se refira ao seu meio de vida e outra que se relacione com as suas ocupações prediletas. De qualquer modo, obtenha uma visão clara daquilo que você tem realmente prazer em fazer. É o primeiro passo importante.

Muitas vezes uma pessoa vem a perceber que seus passatempos favoritos ou biscates lhe dão gozo e satisfação muitíssimo maiores do que seu trabalho. O trabalho de todos os dias tornou-se-lhe lida enfadonha. A única coisa que, para ela, quebra o tédio é o cheque do pagamento semanal (*)... que também não é tão excitante assim!

Só quando tal criatura pode escapar para o seu passatempo de depois do horário de serviço é que as coisas se lhe parecem animar. De súbito, sua vida assume uma nova dimensão, e as horas escoam-se rápida e agradavelmente.

É preciso sugerir que ela poderia converter seu passatempo ou biscate num negócio lucrativo, de tempo integral, abandonando o próprio trabalho? Talvez não fosse uma mudança fácil, mas não seria muito mais agradável ganhar a vida *e* contentar-se ao

(*) Nos Estados Unidos, os pagamentos, principalmente de operários, são semanais. (N. do T.)

mesmo tempo? Isso, especialmente ao considerar-se o fato de que, no trabalho, passamos mais de um terço de nossas horas de vigília.

Eis como escreveu certa vez John E. Gibson na revista *This Week* (*Esta Semana*):

De que maneira pode você aumentar suas oportunidades de sucesso? Ocupando-se com o trabalho de que você mais gosta e que dê plena expressão ao seu talento e personalidade. Encontrar a vocação certa pode requerer certa experimentação, mas vale a pena o esforço, pois é provável que ele represente a diferença entre o sucesso e o malogro.

Uma pesquisa de âmbito nacional sobre homens que se têm destacado indica que 94% deles estão realizando o trabalho de que mais gostam. Logo, um homem que não tem prazer em seu trabalho raramente se distingue nele, não importa com quanto afinco tente destacar-se.

Pelo que diz respeito a John E. Gibson, é de primordial importância você saber a que trabalho vai dedicar-se, a fim de que possa, de antemão, determinar: "Isso é para mim?"

Changing Times (*Tempos em Mudança*), a revista de Kiplinger, recentemente publicou um artigo realístico, sem meios-termos, intitulado Do you really want to be a big shot? (Você quer mesmo ser chefão?). Principia ele por frisar:

Todo indivíduo quer "ir para a frente", naturalmente. E quem já rejeitou aumento de ordenado? Mas o que significa exatamente, para você, ser diretor? Já considerou o que vem junto com o dinheiro, com a autoridade e com o prestígio nessa espécie de serviço? E o que é necessário para chegar a um cargo superior e, depois, mantê-lo?

Em seu livro *Last Things First* (*As Últimas Coisas Primeiro*), publicado pela editora Houghton-Mifflin Co., Sydney J. Harris diz que uma pessoa cujo trabalho seja emocionalmente satisfatório pode suportar muita tensão em outros setores de sua vida. Se essa pessoa está realmente efetuando algo importante e proveitoso, tem ela uma fonte oculta de forças para sustentá-la.

O aceitar um serviço tão-somente porque ele proporciona mais dinheiro pode ser um erro fatal. O dinheiro é necessário, porém nunca é suficiente. Se o fosse, as pessoas mais ricas seriam as mais felizes. E Mr. Harris afirma que elas mui evidentemente não o são.

Tal afirmativa, como ele ainda acrescenta, não revela desprezo para com o anseio econômico, que é intenso e importante; mas constitui simplesmente um lembrete de que, além de um nível mínimo bastante razoável, o dinheiro deixa de trazer aquilo que pensávamos que ele traria.

A obtenção de um sucesso verdadeiro, em qualquer trabalho, não é, absolutamente, coisa fácil. Há, implicadas, muitas privações e desvantagens inequívocas. A atitude realista está fadada a afugentar grande número de almas tímidas — o que não constitui um mal, porquanto evita, mais tarde, desapontamento desnecessário.

Se você, contudo, é homem resoluto de ação, certo do que quer e decidido a obtê-lo, então essa espécie de realismo lhe será animadora, pois você sabe que ela vai eliminar muitos competidores inferiores a tornar o seu serviço bem mais fácil. Nesse caso, as trombetas do sucesso dão-lhe o sinal.

Sirva-se disso como ponto central

O sucesso, repito, *é pessoal*: é a consecução seja do que for que você queira conseguir. Uma vez apurado aquilo que nos dá de fato satisfação pessoal, devemos usá-lo como ponto central para a determinação do significado exato do sucesso. Não há motivo por que a minha definição de sucesso deva concordar com a sua, ou por que a sua deva concordar com a de seus vizinhos.

Não há nada de mau em querermos dinheiro, fama, posição social ou qualquer um dos demais conceitos populares de sucesso, contanto que tenhamos estabelecido que a consecução dessas coisas nos traria legítima sensação de prazer pessoal.

Talvez você se lembre da história do rei e do sábio. O rei indignava-se contra o velho sábio, porque o povo o respeitava e sempre lhe pedia conselhos. E muitas foram as noites em que o rei se sentava, procurando pensar em algum meio de desacreditar o sábio, embaraçando-o diante do povo.

E o rei descobriu, então, um plano. Certo dia, convocou toda a corte e mandou chamar o sábio. Assim que o velho chegou, falou-lhe:

— Ó mais sábio de todos os homens! Tenho, oculto entre as mãos, o mais pequenino dos pássaros. Dizei-me: está ele vivo ou morto? Ordeno-vos responder-me.

O sábio, porém, descobriu o ardil. Percebeu que, se dissesse "vivo", o rei, com rápido aperto de mãos, poria termo à vida do pássaro; se dissesse "morto", o rei abriria simplesmente as mãos e soltaria o pássaro. Ambas as respostas o deixariam desacreditado.

Por conseguinte, o velho pensou por um momento. E o rei, ficando impaciente, indagou outra vez:

— Bem, está vivo ou morto?

E o sábio respondeu-lhe, então, lentamente:

— Como vós o desejardes, majestade. Como o desejardes.

Uma moral simples

A moral dessa história, conforme se aplica ao nosso estudo, é simples. O que é sucesso? É aquilo que você desejar. Seja o que for que você queira que o sucesso seja, isso é o que ele é.

As pessoas que nunca determinam o *verdadeiro* significado do vocábulo "sucesso" deixam-se ficar expostas a um malogro quase certo. Não por causa de qualquer falta de talento, mas, porque, invariavelmente, se agarram à noção popular de sucesso, tão-somente para descobrir, depois que o tiverem alcançado, que ele não é aquilo que desejavam de fato, antes de mais nada. Todos os estalões populares poderiam visar ao sucesso e, ainda assim, tais pessoas, bem no íntimo, só conhecem o malogro, pois não conseguiram aquilo que queriam realmente.

Um filósofo certa vez escreveu: "Se um homem tem talento e não sabe empregá-lo, já fracassou. Se tem talento e serve-se apenas da metade dele, já fracassou em parte. E, se tem talento e aprende, de algum modo, a utilizá-lo todo, já é gloriosamente bem-sucedido, alcançando satisfação e triunfo que poucos homens conhecem."

Pela mesma razão que determinamos o que o sucesso significa realmente para nós, devemos também:

Compreender o que é de Fato o Malogro.

A fim de apresentar o malogro com simplicidade, e tomando de empréstimo a sabedoria do filósofo há pouco citado, pode dizer-se que um homem fracassou até o ponto em que deixou de empregar ao máximo as capacidades que lhe foram dadas por Deus. O fracasso não tem absolutamente nada a ver com a posição na vida, nem com os ganhos nem com qualquer dos chamados indícios de sucesso. Somente o próprio indivíduo é capaz de avaliar o seu grau real de sucesso ou malogro.

Eis como V. M. Burrows descreveu tão habilmente o malogro: "Uma das mais tristes experiências que pode sobrevir a um ser humano é ele dar-se conta, de cabelos grisalhos e próximo do fim de uma carreira improdutiva, do fato de que, através dos anos, esteve utilizando apenas uma pequena parte de si próprio!"

Uma das mais inocentes causas de malogro

Espero que esta sentença lhe dê motivo para séria reflexão por alguns instantes: uma das mais inocentes (e maiores) causas de malogro é o *descanso.* A princípio, ela talvez pareça uma sentença estranha. Pense, porém, nela.

Nada tenho contra o descanso. Ele é não só agradável, mas necessário e importante... ATÉ CERTO PONTO! Quando, porém, o "descanso" se torna passatempo inteiramente absorvente e põe a perder todo o talento e capacidade criadora não utilizados durante o dia de trabalho, que vai das 9 horas da manhã às 5 da tarde (*), *então ele é de todo impróprio.*

Todos nós somos capazes de algo grandioso. Não quero dizer algo monumental, mas, simplesmente, algo de que podemos de fato nos orgulhar. Assim como ser o realizador de maior número de vendas durante o ano inteiro. Ou inventar um novo produto ou processo. Assim como cultivar flores finas ou escrever um conto. Ou, então, ajudar pessoas através de atividades cívicas ou caritativas. Assim, talvez, como tocar um instrumento musical. Ou, ainda, tornar-se entendido em algum *hobby* ou esporte. Algo em que, pela dedicação de parte de nossas horas de lazer, nos possamos tornar extremamente hábeis.

Gosto de recordar uma das famosas caricaturas de *Believe It or Not* (*Acredite ou Não*), de Robert Ripley. Representava ela uma simples barra de ferro no valor de 5 dólares. Essa mesma barra de ferro, quando transformada em ferraduras, valeria 10 dólares e 50 centavos. Se fosse convertida em agulhas, seu valor seria de 3 285 dólares. E, se fosse transformada em molas de balanceiro de relógio de alta qualidade, seu valor subiria vertiginosamente para 250 000 dólares.

O mesmo sucede conosco. É como um amigo meu certa vez disse: "A riqueza latente está aí. Cabe-nos *expandi-la*, servindo-nos de nós próprios ao máximo."

(*) Horário comum de trabalho nos Estados Unidos da América do Norte. (N. do T.)

RECEITA PARA O SUCESSO
Jack Fowler
Formato 14 X 21
280 pág.
2ª edição
Editora Record
Rio de Janeiro
(Ver pág. 123)

Usando a Voz Para Conquistar o Sucesso

JACK FOWLER

No capítulo anterior, em que foi elaborado o problema do condicionamento passado, você aprendeu que as pessoas freqüentemente usam a formulação criativa sem se aperceberem do seu poder, muitas vezes criando maus resultados e acarretando prejuízos a si próprias. Agora você vai aprender a usar a formulação criativa para criar bons resultados e atingir seus objetivos.

Há apenas um método que funciona

Chamamos a essa ferramenta de formulação "criativa" porque existe uma maneira definida de utilizar as palavras, repetidas vezes, de forma a alcançar o resultado desejado. Só há um único método que realmente funciona. Vou novamente enunciar a definição de formulação criativa: qualquer frase, declaração ou série de palavras que explicitamente expresse uma presença, condição ou estado de ser existente aqui e agora. Vou repetir também um outro ponto que já expliquei antes, porque é fundamental que você o compreenda: a formulação criativa produz sempre um resultado final. Da maneira como você usar essa ferramenta vai depender o resultado bom ou mau.

Melhor compreensão da formulação criativa

Vamos adquirir uma compreensão melhor da formulação criativa através do exame de alguns exemplos de formulação criativa e de formulação não-criativa. Se você repetir, interminavelmente, a declaração "Eu acho que vou ser um sucesso", não estará criando absolutamente nada. Mesmo recorrendo à repetição constante, não obterá resultados, pois esse tipo de declaração não é uma formulação criativa e nada irá criar.

Pare de pensar em termos de "positivo" e "negativo"

A maioria das pessoas interpreta qualquer declaração que antecipe um bom resultado como sendo "positiva" e a que expresse uma condição indesejável como sendo "negativa". Assim, consideram as declarações "Eu vou ser bem-sucedido" e "Serei um sucesso" como eficazes e positivas. Contudo, essas declarações não são criativas. É verdade que refletem uma situação agradável, mas não criam coisa alguma.

Por outro lado, a expressão "Eu estou cansado" é quase que universalmente considerada como uma declaração negativa, pois expressa uma condição física indesejável ou "ruim". No fundo, trata-se de uma formulação criativa, que transmite uma instrução explícita ao subconsciente. Se você repetir as palavras "Eu estou cansado" com bastante freqüência, seu subconsciente irá reagir à instrução e você ficará, de fato, fisicamente exausto.

Começando agora mesmo, pare de pensar em termos de "negativo" e "positivo" e pense apenas se suas palavras são *criativas* ou *não-criativas*, e se o resultado da formulação criativa será "bom" ou "mau".

"Vou ser bem-sucedido"

Vamos examinar a declaração "Vou ser bem-sucedido", compreendendo exatamente o que ela diz e porque não é criativa, por que não motiva o subconsciente a entrar em ação para materializar o sucesso.

Antes de mais nada, "Vou ser bem-sucedido" diz claramente que você não é um sucesso atualmente. Quando alguém diz "eu vou ser" médico, bombeiro, mecânico ou engenheiro, está dizendo que não o é neste momento, mas talvez o seja algum dia.

Assim, repetindo muitas vezes tal declaração, você está afirmando ao seu subconsciente que não é bem-sucedido no momento, mas talvez algum dia ainda o seja. O subconsciente não pode raciocinar e não sabe quando deverá ser esse dia; em conseqüência, ele não entende tal declaração como expressando o seu desejo atual, verdadeiro e sincero. Ele não é motivado à ação e nada faz para converter seu desejo em realidade. A única coisa realmente explícita ou positiva na declaração "eu vou ser" bem-sucedido é que no momento você não é bem-sucedido.

"Serei bem-sucedido"

A mesma coisa se aplica aqui. Se você diz "Serei bem-sucedido", simplesmente não está sendo explícito, não está expressando um estado de ser ou uma condição existente agora. Seu subconsciente não reage, pois tem uma saída: "serei" significa que você talvez o seja algum dia, mas não necessariamente agora; assim, o subconsciente não precisa começar a trabalhar nesse sentido agora.

"Tentarei ser bem-sucedido"

Toda vez que você usar o verbo "tentar", estará certamente manifestando uma dúvida, dando ao seu subconsciente uma saída para não entrar em ação. Você por acaso *tenta* andar? É possível, se você está preso a uma cadeira de rodas. Mas as pessoas normais e saudáveis não *tentam* andar, elas simplesmente andam. Você *tenta* comer? Mais uma vez, digo que uma pessoa normal não *tenta* comer, ela simplesmente come. Você *tenta* respirar, *tenta* piscar os olhos ou tenta bocejar? "Tentar" assevera que você não o está fazendo aqui e agora, que você tem dúvidas sobre a sua capacidade de fazê-lo, mas que talvez faça uma tentativa.

Quando muito, expressões como "tentarei" e "vou ser" não passam de palavras inúteis, potencialmente prejudiciais, pois lhe dizem repetidamente que você não é bem-sucedido *aqui e agora*.

"Sou bem-sucedido"

Mas quando você declara "Sou bem-sucedido", com a repetição irá certamente criar o sucesso. É de fato uma formulação criativa, por ser explícita e expressar uma condição que existe. "Sou bem-sucedido." Está dizendo que é bem-sucedido aqui e agora e não em alguma ocasião nebulosa do futuro. E porque tal declaração é de fato uma formulação criativa, através da repetição o subconsciente aceita-a como um fato e é motivado a reagir, materializando o sucesso.

A palavra enunciada tem decididamente um poder muito grande. Mas há uma coisa absolutamente certa: VOCÊ deve ser o senhor e selecionar as palavras que usa. Somente então as suas palavras irão criar o que você deseja.

Como dar poder às palavras

Nenhuma palavra contém poder e força em si mesma. O poder é conferido às palavras por aquele que as pronuncia. Não é absolutamente necessário ter quaisquer pensamentos a apoiarem a formulação criativa para que se crie o resultado final. Os casos citados no capítulo "Como Descobrir o Verdadeiro Você" constituem prova mais do que suficiente de que as pessoas freqüentemente usam as palavras sem nenhum pensamento consciente, provocando mesmo assim um resultado final. Contudo, o pensamento por trás das palavras certamente as torna mais poderosas.

As palavras possuem um significado. Pensar no significado de cada palavra não fortalece nem intensifica o seu *sentido*, mas aumenta consideravelmente o poder que a palavra tem que criar. Por exemplo, se você repetir interminavelmente a declaração "Eu sou feliz", com o tempo inegavelmente você se sentirá feliz. Mas, se toda vez que você disser "Eu sou feliz", pensar no significado das palavras que está pronunciando e imaginar que é realmente feliz, que se sente alegre, seus pensamentos irão conferir mais força às palavras e você poderá criar a felicidade com maior rapidez.

Uma interpretação literal

O homem é certamente o criador das palavras. Daí ter ele absoluto controle na seleção das palavras que prefere usar. Nenhuma pessoa pode conferir a uma palavra ou pensamento significado diferente daquele que ela sabe que a palavra possui. Conseqüentemente, cada indivíduo reage a uma palavra de acordo com o significado que para si ela possui — qualquer que seja esse significado.

Quando você diz "Ele me dá dor de cabeça", está querendo dizer que alguém lhe provoca aversão ou desaprovação, irritação ou raiva. Mas "dor de cabeça" é mesmo dor de cabeça, e tem um significado bastante claro para quem quer que já tenha experimentado alguma. "Dor de cabeça" não significa "aversão, desaprovação, irritação ou raiva" para mim — e duvido seriamente de que signifique para alguém. "Dor de cabeça" significa dor de cabeça mesmo. E quando você repete muitas vezes tal afirmação, de que isto ou aquilo o deixa com dor de cabeça, seu subconsciente reage exatamente de acordo com as palavras que você pronuncia, criando-lhe uma dor de cabeça.

A pessoa comum não compreende o que as palavras realmente representam nem o poder que elas transmitem. Para ela, as palavras são meros veículos para transmitir seus pensamentos a outra pessoa. Você pode perguntar: "Mas como eu posso criar-me uma dor de cabeça apenas por dizer que ele me deixa com dor de cabeça? Essas palavras não expressam realmente o que eu estou querendo dizer, portanto são sem sentido." É verdade que as palavras podem não expressar literalmente as suas intenções, mas possuem um sentido literal para o seu subconsciente. Elas explicitamente dizem que "ele o deixa com dor de cabeça", fazendo-o aqui e agora, e não "talvez" ou "algum dia".

Pense por um momento. Quantas vezes você já usou ou ouviu alguém usar expressões como "ele me deixa com dor de cabeça", "não suporto isso", "ele me põe doente" ou "ela me deixa louco", enunciando-as em tom monótono e inexpressivo, desprovido de qualquer sentimento ou ênfase? Esse tipo de expressão é quase sempre empregado com grande ênfase, sentimento intenso, convicção, muita força — elementos que sempre fortalecem o poder de criar das palavras.

"A força de uma frase depende muito do apoio que lhe dê o homem que a usa."

Ralph Waldo Emerson

Exemplos de formulação não-criativa

Quando me refiro a palavras inúteis e sem sentido, estou falando de expressões como "vou ser" e "tentarei". Estas duas expressões são mais comumente usadas que quaisquer outras — e não criam absolutamente nada. Nenhuma delas é explícita, nenhuma delas esclarece onde, como ou quando, nem manifesta sentimento ou convicção, um desejo verdadeiro e sincero. Conseqüentemenete, essas expressões não criam coisa alguma. "Tentarei" talvez seja a pior de todas, pois demonstra falta de fé em você mesmo, em sua capacidade e em seu tremendo poder como mente consciente.

Embora tais expressões possam ter um lugar apropriado em sua conversação cotidiana, não constituem absolutamente formulações criativas. E não podem ser utilizadas para recondicionar ou dominar o seu subconsciente.

Aqui e agora

Você deve fazer uma relação dos objetivos que deseja alcançar. Depois de tê-los relacionado no papel, deve decidir qual deles lhe é mais importante no momento. Provavelmente será um objetivo a longo prazo, que você deverá dividir em uma série de objetivos a curto prazo, entre os quais você então selecionará o seu primeiro passo, ou o primeiro objetivo a curto prazo a ser conquistado.

Para alcançar tal objetivo, você recorrerá à formulação criativa, imaginação criativa, imagem efetiva e repetição. As palavras que enunciar devem transmitir o significado de que você já tem o resultado final, que a condição desejada existe aqui e agora. Quando você diz "vou ser bem-sucedido", está deixando implícita uma dúvida e uma condição inexistente aqui e agora. Passe do futuro para o presente e terá uma declaração criativa: "Eu sou bem-sucedido". Trata-se do exemplo típico de uma formulação criativa que realmente cria o sucesso.

Você não pode mentir ao seu subconsciente

Sei que isto às vezes é confuso para as pessoas a princípio, porque elas se sentem como se estivessem dizendo uma mentira a si mesmas. Mas não se trata disso. O subconsciente não pode raciocinar e, portanto, não define as declarações como falsas ou verdadeiras. Qualquer declaração criativa que você faça é aceita por seu subconsciente como uma declaração de fato, expressando uma condição existente. O subconsciente não põe em dúvida nenhuma declaração e tampouco quer saber se é falsa ou verdadeira — toda e qualquer declaração é simplesmente um fato. Já se provou isso cabalmente, através de incontáveis experiências.

Se eu coloco um homem sob hipnose e lhe digo que minha escrivaninha é vermelha, seu subconsciente, que não pode raciocinar, aceita a minha sugestão como um fato. Minha escrivaninha é na verdade castanha e o homem conscientemente pode ver que ela é castanha. Mas enquanto eu não lhe libertar o subconsciente da sugestão de que a escrivaninha é vermelha, ele aceitará minha declaração e reagirá de acordo.

Se esse homem for submetido a um teste com um detector de mentiras enquanto a minha sugestão de que a escrivaninha é vermelha for dominante em seu subconsciente, ao lhe ser perguntado se a escrivaninha é vermelha, ele responderá que é. Ele não está mentindo — e o detector de mentiras comprovará isso. O fato é que o seu subconsciente aceitou a minha sugestão e acredita que a escrivaninha seja vermelha.

Digamos que eu coloque em estado de hipnose um homem

chamado William e lhe dê a seguinte sugestão: "Seu nome é John. Tem sido John durante toda a sua vida. Pode lembrar-se do tempo em que era criança e brincava com seus colegas, todos eles chamando-o de John. A sua certidão de nascimento comprova que seu nome é John." Se eu insistir com tão amplos detalhes na sugestão de que ele se chama John, seu subconsciente irá reagir de acordo e aceitará a sugestão como um fato. Ao sair do estado de hipnose e ser submetido a um teste num detector de mentiras, pode-se perguntar se o seu nome é William e ele dirá que não. O aparelho irá registrar que ele está dizendo a verdade. Se lhe for perguntado se seu nome é John, ele dirá que sim, o aparelho outra vez registrando que ele está dizendo a verdade. Isso porque o seu subconsciente aceitou a sugestão hipnótica como um fato.

Portanto, quando você expressar seu objetivo como já tendo sido alcançado, como existente aqui e agora, não se esqueça de que isso é apenas um método para alcançar seu objetivo, pois você não pode mentir ao seu subconsciente.

Se o seu objetivo é ser bem-sucedido, não aproveite cada pausa na conversa para anunciar aos amigos e colegas de trabalho que você é "um sucesso". Não é necessário repetir a sugestão sobre o seu objetivo na frente de outras pessoas. Mas procure repeti-la para si mesmo com a maior freqüência possível, reforçando a sugestão para o subconsciente e motivando-o a entrar em ação e materializar o objetivo que procura.

Uma ferramenta terapêutica

Como você deve recordar-se, no capítulo "Como Descobrir o Verdadeiro Você" mostrei que a formulação criativa é um instrumento terapêutico, e citei alguns casos de pessoas que criaram para si problemas graves, pelo uso indevido dessa ferramenta. Nós sabemos que a verdadeira formulação criativa sempre produz um resultado. Como indivíduo, você deve ser senhor do seu subconsciente e levá-lo a criar o que deseja e a realizar os objetivos que almeja. A fim de consegui-lo, você deve usar as ferramentas sobre as quais está aprendendo.

O seu roteiro para criar o sucesso

Há um roteiro que deveria ser seguido por todos os que desejam ter uma vida vitoriosa. A primeira coisa que você precisa ter é desejo — o desejo de ser bem-sucedido, o desejo de "ir em frente", de alcançar tudo o que deseja da vida.

A segunda coisa é acreditar nessas ferramentas que você está aprendendo a usar. Você tem que acreditar nelas antes de usá-las. Tem que acreditar que elas realmente funcionam, antes de acioná-las a seu favor.

Em terceiro lugar, você tem que usar essas ferramentas. Você precisa realmente aplicá-las e fazê-las funcionar em seu benefício, a fim de alcançar seus objetivos.

Em quarto, quando utilizar tais ferramentas, sinta o poder e a força que nelas existem, sinta que está se aproximando cada vez mais dos seus objetivos. Sinta que está sendo motivado e que seus objetivos estão se concretizando.

Em quinto, ao sentir a motivação e as conquistas gradativas, desenvolva uma fé absoluta, porque não tem mais dúvidas de qualquer espécie. Você logo verá os resultados das suas realizações e chegará então ao sexto estágio, o resultado final.

1. Ter a vontade.
2. Acreditar nas ferramentas.
3. Usar as ferramentas.
4. Sentir-lhes o poder e o efeito criador.
5. Ter fé absoluta.
6. Resultado final: o SUCESSO.

Essa é uma sucessão natural dos acontecimentos para todos. Você, evidentemente, tem o desejo, a vontade de ser bem-sucedido, de melhorar, caso contrário não teria comprado este livro. E agora você está aprendendo a compreender essas ferramentas e a acreditar nelas, de forma a poder utilizá-las. Ser-lhe-á provado que essas ferramentas funcionam, que são de fato bastante eficazes. Neste momento você está aprendendo a usar a formulação criativa corretamente, a fim de obter resultados.

Somente você dá instruções ao seu subconsciente

Seu subconsciente age apenas em decorrência das instruções que você lhe dá. Venham lá de onde vierem tais instruções, de certa forma *você as aceita* e depois as transmite ao seu subconsciente. Seu subconsciente não pode raciocinar, ao contrário da sua mente consciente. Ele não sabe e não pode decidir o que é bom ou ruim para você.

Por exemplo, o homem que constantemente repete "Eu sou um fracasso" ou "O mundo está contra mim" é realmente um homem fracassado ou contra quem o mundo de fato parece estar. Ele está expressando tais palavras com sentimento e gravando-as em seu subconsciente. Este as aceita como uma instrução que expressa o desejo sincero dele, assegurando que no futuro o homem continue a fracassar ou que o mundo continue "contra ele". Ele está na verdade usando a formulação criativa para alcançar um péssimo resultado para si.

Segunda-feira aziaga

Muitas pessoas acham que a segunda-feira é um "mau" dia. Elas acabaram de ter um fim-de-semana de lazer ou fazendo coisas que apreciam e agora têm de voltar ao trabalho. Por isso, essas pessoas desenvolveram o hábito de dizer e pensar que a segunda-feira é um péssimo dia. Receiam as segundas-feiras. Odeiam as segundas-feiras. E com essa atitude elas fazem de toda segunda-feira um mau dia não porque tenham um dia mais cansativo ou atribulado do que os outros dias da semana, mas simplesmente porque dizem e pensam habitualmente que a segunda-feira é um mau dia.

Essas pessoas estragam um dia inteiro só por causa dessa atitude e chegam ao ponto de detestar a segunda-feira. Mas a terça-feira não parece incomodá-las, mesmo quando exige a mesma quantidade de trabalho e esforço e segue a mesma rotina que a segunda-feira.

Comece a pensar e a falar sobre a segunda-feira como se fosse um dia da semana muito importante e agradável. Mantenha na mente o pensamento de que aprecia a segunda-feira, que a segunda-feira é muito importante para você, por se tratar de um dia inteiro que poderá utilizar para avançar em direção a seus objetivos. Se você adotar essa nova maneira de pensar e falar sobre a segunda-feira, poderá transformar a sua "segunda-feira aziaga" em mais um dia agradável e proveitoso.

Um fracasso da "má sorte"

Há pessoas que estão sempre prontas para provar que estão certas, que é verdade aquilo em que acreditam — mesmo quando os resultados lhes sejam nocivos — porque o subconsciente faz com que tais crenças sejam para elas a realidade absoluta. O homem que diz "Eu sou um fracasso" está usando essa poderosa ferramenta para derrotar-se. Não importa a capacidade que ele possa ter, se continuar a usar a formulação criativa dessa forma nociva e destrutiva será sempre um fracassado, um homem "sem sorte". Ele precisa mudar suas palavras e pensamentos para poder livrar-se do hábito prejudicial que se impôs. Deve passar a usar palavras e pensamentos que o reponham na estrada do sucesso e que lhe criem as coisas que deseja, em vez de coisas que lhe sejam prejudiciais e restritivas.

É muito simples

É surpreendente e perturbador verificar quão poucas são as pessoas que realmente controlam a si mesmas. A formulação criativa é uma coisa tão simples que até uma criança pode entendê-la — e geralmente as crianças a entendem.

Você agora tem uma vantagem que a maioria das pessoas não possui: está consciente dos poderes que possui. E lembre-se de que você não está aprendendo a conquistar esses poderes, pois já os possui. Você está aprendendo apenas a reconhecer que os tem, a compreender o poder que essas ferramentas lhe conferem, e aprendendo a utilizá-las para criar sucesso.

Confirmação do poder das palavras

Vamos continuar a apresentar mais provas da existência e do poder da formulação criativa. O *Novo Testamento* oferece provas adicionais de que as palavras possuem um tremendo poder. "Pelas tuas palavras serás justificado, e pelas tuas palavras serás condenado" (Mateus 12:37). É uma confirmação bíblica do que sabemos agora a respeito da formulação criativa. O nosso subconsciente reage às nossas palavras e justifica as nossas crenças ao criar o que dizemos; e, quando usamos palavras desavisadas, estamos condenados a uma existência criada pelas nossas próprias palavras.

Lembre-se: as palavras só criam quando são usadas numa verdadeira formulação criativa. Como já analisamos antes, o pensamento por trás das palavras certamente torna-as mais poderosas e provoca uma reação mais rápida do subconsciente. Mas as palavras sozinhas podem criar, e realmente criam, um resultado final, de acordo com o seu significado literal, quando usadas numa formulação criativa.

A *Bíblia* também nos diz: "Nada há fora do homem que, entrando nele, o possa contaminar; mas o que sai do homem é o que contamina" (Marcos 7:15). É outra referência às palavras que saem de nossas bocas.

E em outra passagem da *Bíblia* ainda se lê: "Porque em verdade vos afirmo que se alguém disser a este monte: ergue-te e lança-te no mar, e não duvidar no seu coração, mas crer que tudo o que disser se sucederá, ele o verá realizar-se" (Marcos 11:23). As palavras novamente, e um depoimento sobre o seu tremendo poder.

"Eu sou feliz"

Você tem quaisquer dúvidas de que as suas palavras podem

mover montanhas? Há qualquer dúvida de que a formulação criativa é extremamente eficaz? Pode alguém pôr isso em dúvida?

Se você tem alguma dúvida, aqui está uma pequena experiência que pode fazer. Repita a seguinte frase seguidamente: "Eu sou feliz, feliz, feliz, feliz, feliz." Continue a repetir essas palavras em todas as oportunidades possiveis até o momento em que se sentir um pouco deprimido. E nesse instante, ao dizer apenas "feliz, feliz, feliz", você sairá completamente de sua depressão.

Esse é um exemplo muito pequeno do tremendo poder criado pelas palavras. E lembre-se: quando disser "eu sou feliz, feliz, feliz", imagine-se de fato extremamente feliz. Imagine situações agradáveis, imagine que tudo em sua vida é perfeito, exatamente da maneira como você o deseja. Você ficàrá bastante surpreso com os resultados.

Formulação criativa para muitas áreas da vida

Vou dar alguns exemplos de formulação criativa adequada que você pode usar em muitas áreas de sua vida: eu gozo de saúde perfeita; sou feliz; sou bem-sucedido; faço amigos facilmente; falo corretamente; aprecio as pessoas; as pessoas me apreciam; gosto das pessoas; sou um homem tranqüilo; crio o meu próprio futuro; aprendo a cada dia que passa; progrido rapidamente dia após dia; eu me recordo de tudo quando é necessário.

Todas essas declarações e muitas outras constituem formulações criativas, criando inevitavelmente um resultado final se forem repetidas com bastante freqüência pelo tempo que for preciso. Você deve usar a formulação criativa adequada, como as que mostramos nos exemplos acima, juntamente com a imaginação criativa, a imagem efetiva e a repetição, como meio para conquistar seus sucessos futuros. Não importa qual seja seu objetivo, não importa o que você deseje na vida, poderá conquistar pela utilização dessas ferramentas. Não se esqueça de que você é realmente poderoso.

Use as ferramentas básicas combinadas

Use cada uma dessas ferramentas básicas em combinação com as outras. Quando disser "Eu sou feliz", pense que é mesmo feliz. Seja exuberante ao dizer: "Mas como eu sou feliz! Sinto-me maravilhosamente bem."

Imagine que de fato se sente maravilhosamente bem, que se sente livre e tranqüilo, que nunca se sentiu melhor em toda a sua vida. Aja como se estivesse muito feliz, seja exuberante e entusiasmado, faça como se se sentisse maravilhosamente bem.

Repita essas palavras, pensamentos e atitudes muitas vezes, todos os dias — e chegará aos resultados finais desejados.

Um lembrete

Lembre-se sempre de que, para alcançar seus objetivos, você tem que aprender a expressá-los em palavras, em sua imaginação e em atitudes de "aqui e agora", jamais no futuro. Não tenha quaisquer dúvidas e seus objetivos, as coisas que almeja, lhe pertencerão — e isto é realmente muito simples.

Nunca use expressões como "eu vou ser" ou "eu tentarei", porque essas palavras adiam qualquer coisa por um tempo indefinido. Elas nunca acionam o seu subconsciente.

Não fixe limites de tempo

Não imponha limites de tempo à consecução dos seus objetivos. Se você disser "Eu serei bem-sucedido amanhã" e tal não acontecer, então ter-se-á derrotado a si próprio. Você tem que desenvolver a fé de que essas coisas não se podem basear em limites específicos de tempo. Podem ocorrer mil e um incidentes que atrasem a consecução de um objetivo por alguns dias ou mesmo por algumas semanas. Mas você pode estar certo de que atingirá seu objetivo, se não fixar nenhum limite de tempo que possa derrotá-lo.

Não fixe, portanto, nenhum limite de tempo à realização dos seus objetivos. Não diga "Dentro de um ano terei ganhado dez milhões de cruzeiros", porque talvez ainda não os tenha ganhado um ano depois, e você poderá então chegar à conclusão de que "essas coisas não funcionam", desistindo em conseqüência. Talvez você tivesse conseguido ganhar os seus milhões de cruzeiros em quinze meses. Mas, se você não os tiver conquistado no limite de tempo que se fixou — e noventa e nove em cem vezes não se consegue — então poderá desistir e parar de tentar, após o que nunca terá o dinheiro que desejava. Mas não é apenas isso: talvez você pudesse ganhar os milhões de cruzeiros em apenas nove meses, mas não o conseguirá porque fixou o limite de um ano. Assim, você se terá outra vez derrotado.

Minha razão para dizer que noventa e nove em cem vezes você não alcançará o objetivo almejado no prazo especificado é muito simples. O seu subconsciente não pode raciocinar. Portanto, ele não pode aplicar o raciocínio ao caso e dizer: "Se ele quer isto em apenas seis meses, o melhor é eu começar a trabalhar imediatamente." Se você também disser ao seu subconsciente "eu serei um sucesso em seis meses" e uma semana depois repetir a mesma declaração, ele vai considerar que você alterou o seu prazo-limite. Para o subconsciente, dentro de seis meses não significa por exemplo 25 de agosto ou qualquer outra data; significa exatamente seis meses contados da data em que a instrução foi transmitida.

Se você marcar uma data específica — "Serei bem-sucedido em 20 de dezembro" — estará na verdade dando ao seu subconsciente a instrução de que não é bem-sucedido agora e não será antes de 20 de dezembro. O subconsciente toma as suas palavras ao pé da letra; como você o instruiu no sentido de que não será bem-sucedido antes de 20 de dezembro, ele não tomará a menor atitude para cumprir seu desejo até essa ocasião. Portanto, lembre-se: não fixe qualquer limite de tempo para alcançar seus objetivos, pois isso só servirá para derrotá-lo.

Não espere resultados imediatos

Nunca espere por resultados imediatos. Lembre-se de que você deseja criar hábitos de sucesso e a fé de que pode ter tudo o que almeja. A princípio, você pode ter a impressão de que está meramente repetindo palavras, mas em breve vai começar a sentir o poder dessas mesmas palavras. Quando você começar a sentir realmente o poder das suas próprias palavras, vai tornar-se motivado, sentirá entusiasmo e seus pensamentos serão construtivos, o que contribuirá mais ainda para o seu futuro sucesso.

Você tem que usar a formulação criativa muitas vezes, todos os dias, a fim de que ela se transforme num hábito e seja, conseqüentemente, eficaz.

Uma ajuda

Uma pequena ajuda seria datilografar as suas sugestões criativas em pequenos cartões e carregá-los com você para toda parte. Assim, poderá recordar-se o dia inteiro dos seus objetivos, lendo a sugestão escrita no cartão, muitas vezes, diariamente.

Não é preciso luta nem esforço

Use essas ferramentas e terá todos os proveitos. Torne um hábito usá-las e verá que em poucos meses as estará usando automaticamente, sem nenhum esforço. Você não tem que forçar seu subconsciente a trabalhar para você. Ele está sempre disponível e ansioso, sendo capaz de materializar tudo o que você deseja. Na verdade, ele opera milagres quando você lhe dá algo sobre que trabalhar. Ele realmente não gosta de trabalhar para outras pessoas; ponha-o, portanto, a trabalhar para você — e para ninguém mais. Use essas ferramentas de que lhe falamos até criar um novo e maravilhoso hábito; conseguirá então realizar as coisas que lhe proporcionarão um futuro vitorioso.

A consecução de seus desejos não exige luta nem esforço. Tenha sempre em mente o pensamento correto, use as palavras adequadas, pronunciando-as em voz alta e repetidas vezes. Logo isso se tornará hábito, no qual não haverá o menor esforço. Todos os obstáculos estarão removidos e você estará a caminho de obter tudo o que deseja na vida.

Sua primeira obrigação

Uma das suas primeiras obrigações é provar a si mesmo o valor, a eficácia e o poder dessas ferramentas. Se você examinar os seus próprios hábitos, palavras e pensamentos, descobrirá que usa também formulações criativas como um hábito, criando também resultados finais.

"Ele me irrita a pele"

Já dei antes exemplos de pessoas que tinham o hábito de falar que isto ou aquilo lhes "irritava a pele", criando para si mesmas doenças de pele. Tal condição pode ser curada pelas próprias pessoas que as criaram, desde que elas cessem de usar a formulação nociva, substituindo-a por outra que as beneficie. Quando isto acontece, a doença de pele desaparece e a pessoa volta a sentir-se bem.

Isso não é fantasia. Em condições terapêuticas, muitos pacientes foram encaminhados à psicoterapia, por sofrerem de doenças de pele que simplesmente não reagiam a nenhum tratamento.

Tive um aluno cujas mãos pareciam encaroçadas, como se fossem recobertas por uma lixa grossa. Esse jovem costumava dizer freqüentemente que isto ou aquilo lhe irritava a pele. Calculei que ele repetia tal afirmação umas vinte vezes por dia. Ele aprendeu nas minhas aulas a força das palavras e como criara para si mesmo, através das suas palavras, aquela condição bastante desagradável. Parou de empregar aquela expressão nociva e substituiu-a por outra que lhe era benéfica. Suas mãos ficaram inteiramente boas em menos de dois meses.

Não se amaldiçoe

Há muitas pessoas que têm o hábito de dizer "raios me partam", criando para si uma existência desgraçada. Verifique todas as suas declarações habituais e descubra quantas coisas erradas está ordenando para si mesmo.

Formulação criativa para todas as áreas da vida

Quando descobrir que está usando uma formulação criativa prejudicial, trate imediatamente de substituí-la por uma figura de retórica que lhe proporcione resultados benéficos. Aqui estão alguns exemplos de formulação criativa que podem produzir resultados bons em cada uma das áreas básicas da vida — espiritual, mental, física, social, financeira e familiar.

Eu ajudo os outros.
Eu sou próspero.
Eu sou necessário.
Eu sou bem-sucedido.
Eu estou motivado.
Eu estou rico.
Eu sou amado.
Eu sou forte.
Eu estou tranqüilo.
Eu me sinto bem.
Eu sou feliz.
Eu tenho uma saúde perfeita.
Eu sou eficiente.
Eu tenho uma vista perfeita.
Eu tenho confiança em mim.
Eu estou satisfeito comigo.
Eu sou decidido.
Eu estou relaxado.
Eu sou paciente.
Eu estou livre e limpo.*

Remova o condicionamento nocivo e as falsas crenças

A partir do momento em que compreendeu como o atual "você" foi criado pelo seu condicionamento passado, e agora que conhece o papel que essas ferramentas desempenharam em tal condicionamento passado, pode utilizar essas mesmas ferramentas para remover o condicionamento nocivo e as falsas crenças.

Recebi informações sobre muitas pessoas que eram mentalmente perturbadas e que agora estão inteiramente curadas, sem que tenha ocorrido nenhuma recaída, somente pela leitura de um livro meu, *A Sua Magia Interior*, e a aplicação dos princípios nele contidos. Parece que quando uma pessoa adquire conhecimento e uma compreensão de si mesma e de seus problemas, seu subconsciente freqüentemente reage ao novo conhecimento e compreensão com a remoção dos problemas até então existentes.

---

* *(Essa é uma declaração destinada a remover a dor e o incômodo. Em vez de dizer "não tenho dor nem incômodo algum", use as palavras "livre e limpo", pois assim não estará reconhecendo a existência de qualquer dor.)*

É nisto que realmente consiste a psicanálise. Quando você procura um psicanalista em busca de ajuda, ele pesquisa alguma coisa em sua vida, quase sempre encontrada na infância ou nos anos de formação, e a formulação criativa prejudicial que você possa estar usando.

Quase todas as causas básicas de neurose, sobre as quais falamos anteriormente, são de fato usadas como ferramentas para criar o futuro que você deseja. Sabemos que essas ferramentas são bastante eficazes, que sempre produzem resultados. Podem criar resultados "maus" e, se isso acontece, é certo que podem criar também resultados "bons". Sabemos que podemos utilizá-las para criar o que desejamos, para conquistar tudo o que queremos na vida.

Remova a sua atitude negativista

Criamos uma atitude de negativismo em nossos pensamentos e muitas vezes a expressamos em nossas palavras. Não há necessidade de fazer uma longa dissertação ou análise da base para essa atitude, mas é extremamente importante que você lhe reconheça a existência e mude esse padrão de pensamento e fala em sua própria vida.

Expressamos essa atitude negativa em todas as áreas da nossa vida, da mais importante à mais insignificante. Usamo-la como se acreditássemos poder assim criar um efeito inverso. Expressamos o que não desejamos como que para enganar algum espírito diabólico e receber exatamente o contrário daquilo que dizemos ou pensamos. Muitas vezes usamos declarações negativas na crença errônea de que isso demonstra humildade e modéstia. Algumas vezes usamo-las porque refletem a nossa falsa auto-imagem.

Quantas pessoas, ao contraírem alguma doença de menor importância, permitem que sua imaginação comece a divagar furiosamente, completamente fora de controle, criando horrendos pensamentos de doenças pavorosas, que as deixarão incapacitadas e acarretarão despesas médicas impossíveis? Elas chegam até a expressar tais temores em palavras. Mas é exatamente nessas ocasiões que elas deveriam usar o tremendo poder das palavras e da imaginação para afirmar a si mesmas que estão gozando de uma saúde perfeita.

Quantas mulheres durante o período de gestação, secretamente em seus pensamentos e muitas vezes abertamente em palavras, expressam os seus temores de que o bebê possa nascer com alguma enfermidade física ou mental, que talvez seja natimorto, ou que haja sérias complicações no parto? Talvez essas mulheres nada criem além de medos desnecessários e ansiedades inúteis, mas não resta a menor dúvida de que tal atitude é prejudicial à saúde física e mental tanto da mãe como do bebê por nascer. E é numa ocasião dessas, mais do que em qualquer outra de sua vida, que uma mulher deveria usar o poder das palavras e da imaginação para afirmar: "Eu gozo de perfeita saúde. Meu filho por nascer tem uma saúde e um corpo perfeitos."

Na última vez em que você revalidou sua carteira de motorista e teve que fazer novo exame, quantas vezes não disse ou pensou: "Eu sempre tenho problemas com a prova escrita"; "Conheço todas as regras, mas sempre fico confuso na hora do maldito teste"; "Provavelmente ficarei tão nervoso que serei reprovado até no exame de direção". Se você for especialmente imaginativo, pode até imaginar a possibilidade de cometer algo particularmente impróprio, como provocar um acidente durante o exame de direção. Sempre que você for fazer um exame ou um teste de qualquer espécie, use o tremendo poder da formulação criativa para afirmar: "Eu estou preparado. Sou capaz. Estou confiante. Recordo-me de tudo o que é necessário."

É verdade que não se tem um filho, não se fica doente, nem se faz um exame todos os dias. Mas essas são ocasiões muito importantes em sua vida. Por que você deve permitir que uma atitude negativista crie dúvidas e temores, roubando-lhe a autoconfiança e a capacidade de julgamento? Em vez disso, aproveite essas oportunidades para usar os seus poderes a fim de criar sucessos, em vez de permitir que sua imaginação e palavras o controlem e criem insucessos.

Você já foi a algum piquenique ou outra espécie qualquer de excursão em que alguém do grupo não tenha comentado que "vai chover" ou "provavelmente vai fazer muito frio"? Quantos anos você passou sem ouvir as pessoas resmungando que "provavelmente vai ser outro verão quente e sufocante" ou "parece que vamos ter um inverno gelado e miserável"? Temos essa atitude negativa até mesmo nas coisas mais insignificantes da nossa vida. Temos sempre um estoque de declarações exaustivamente usadas, tais como "nada de realmente bom jamais me acontece", "eu não mereço tanta sorte assim", "isso é bom demais para ser verdade", "com a sorte que eu tenho, isso é simplesmente impossível", "nada acontece como a gente planeja", "sempre acontece alguma coisa no último instante para estragar tudo" e assim por diante, interminavelmente.

Você come um prato que muito aprecia e comenta: "Isto sempre me dá indigestão." Você joga cartas e diz: "Eu nunca recebo as cartas que estou precisando." Você vai fazer compras e declara: "Eu nunca consigo encontrar o que estou querendo." Você grita até ficar rouco para que seu time ganhe a partida e, enquanto o jogador está correndo na direção da meta adversária, fica dizendo: "Ele jamais vai conseguir chegar até lá." Você acalenta uma esperança, um sonho ou tem o plano de realizar alguma coisa, mas seus pensamentos e suas palavras são contrários: "Não vai funcionar, simplesmente não vai dar certo."

Examine os seus pensamentos e as suas palavras. Creio que ficará surpreso e assustado ao descobrir a freqüência com que assume essa atitude negativa em todos os dias da sua vida, a que extremos o leva tal atitude, aplicando-a aos incidentes mais triviais. Algumas dessas afirmações não constituem formulações criativas genuínas. Mas, ao usá-las, você adquire um hábito de negativismo e constantemente usa os seus pensamentos e palavras para expressar derrota e fracasso.

Você tem medo de esperar o sucesso, por isso expressa o fracasso. Assim, você perde essas oportunidades de criar bons resultados em seu favor, deixando que elas se percam no nada, pela utilização de palavras e pensamentos inúteis. Você reforça também a sua atitude de derrota e fracasso, solapa a sua autoconfiança e nega no momento o poder dessas ferramentas que estão à sua disposição e com as quais poderia criar tudo o que deseja.

Você cria a sua própria existência

Este é o poder de que você dispõe como indivíduo. Você pode criar qualquer coisa que deseje criar. Você possui tal poder, e o melhor que tem a fazer é usá-lo bem.

Muitas pessoas permitem desavisadamente que suas mentes sejam usadas contra si próprias. Como eu disse antes, o subconsciente age apenas de acordo com as instruções que lhe permitimos receber. Mesmo quando temos apenas seis meses de idade já estamos aceitando certas coisas como fatos inegáveis. Hoje você talvez nem se lembre delas, mas aceitou-as na ocasião e seu subconsciente talvez ainda esteja reagindo a elas. Quando aceitou essas coisas como fatos, foram sugestões que recebeu, formulações criativas ou a sua própria imaginação criativa. Portanto, você criou a sua própria existência — criou-a com os seus próprios hábitos e as suas próprias crenças.

Reconheça o seu poder — e use-o!

A maioria das pessoas desconhece a existência dessas ferramentas, embora as use diariamente. O propósito deste livro é ensinar o leitor a reconhecer o poder que possui e que usa diariamente, algumas vezes para progredir, mais freqüentemente em seu próprio prejuízo. A partir do momento em que reconhecer a existência dessas ferramentas e de seu tremendo poder, você poderá ser o senhor do seu futuro, ao invés de permitir que seu futuro apenas "aconteça" por sua própria indiferença. Você possui esse poder. Está na hora de pô-lo em uso para construir um futuro maravilhoso.

O MITO EMPREENDEDOR
Michael E. Gerber
Formato 16 X 23
144 pág
2ª edição.
Editora Saraiva
Tel. (011) 826-8422
São Paulo
1990
(Ver pág. 125)

McDonald's: Uma História de Sucesso

MICHAEL E. GERBER

Este livro não é apenas uma receita para o sucesso: *é uma convocação para a luta*.

Não é uma convocação para a guerra, é um convite para o aprendizado.

Para aprender como sentir, pensar e agir de modo diferente e mais produtivo, de maneira mais *humana* que as nossas atuais habilidades e compreensão permitem.

O mundo atual é um lugar difícil. Nesses últimos vinte anos a humanidade passou por mais mudanças do que nos dois mil anos precedentes.

Fronteiras antigas — geográficas, políticas, sociais, emocionais — já não existem. As regras mudam continuamente. Porém, o ser humano não consegue viver sem fronteiras, sem estruturas, sem normas. Assim surgiram e proliferaram novas fronteiras, novas normas para preencher o vazio deixado por aquelas que não parecem mais adequadas para a condição de "nova era".

Este livro, portanto, trata da obtenção de resultados. No entanto, não é apenas mais um livro sobre "como fazer". De minha experiência no contato com pequenos empresários tirei a certeza de que a última coisa que qualquer um deles precisa é mais um livro desse tipo que simplesmente não funciona. Quem funciona são *as pessoas*. E o que as faz funcionarem *é uma idéia que valha a pena*, a compreensão do que precisa ser feito. O "como fazer" só tem significado a partir do momento que esse tipo de idéia se firma em seu modo de pensar e de agir.

A idéia geral é: *Seu negócio nada mais é que uma nítida imagem de quem você é.*

Se seu modo de pensar for negligente, seu negócio será igualmente negligente. Se sua informação sobre o que precisa ser feito for limitada, seu negócio refletirá essa limitação. Se você for confuso, seu negócio será confuso. Se for ganancioso, seus empregados ficarão gananciosos, dando-lhe cada vez menos deles próprios e exigindo cada vez mais.

Portanto, se quiser transformar seu negócio — uma decisão indispensável se quiser vê-lo bem-sucedido — primeiro *você* precisa mudar. Porque, a não ser que *você* mude, ele nunca poderá dar-lhe aquilo que espera. Entretanto, você mudando, seu negócio mudará e crescerá.

A primeira mudança necessária em você é a compreensão da *verdadeira* natureza de um empreendimento e do que precisa para fazê-lo funcionar. Uma vez compreendido isso, seu empreendimento e sua vida assumirão um sentido fundamentalmente novo. Começará a entender por que tantas pessoas fracassam na tentativa de obter a realização de seus desejos para o próprio negócio. Ficarão claras as quase mágicas oportunidades, disponíveis para qualquer pessoa que inicia um negócio corretamente, com compreensão acertada, com a ferramenta certa. Já vi isso acontecer milhares de vezes. Em qualquer tipo imaginável de empreendimento e com pessoas que *nada* sabiam sobre negócios quando começaram.

Não só *pode* acontecer a você; como realmente *acontecerá.*

Seja bem-vindo. Divirta-se. Progrida.

Você já está a caminho.

* * *

A Revolução Industrial, a Revolução Tecnológica e a Explosão da Informática são fenômenos familiares no mundo atual. Não há dúvida sobre o impacto que cada um deles teve sobre nossas vidas.

Se, por outro lado, pedíssemos a alguém que descrevesse a Revolução Chave-na-Mão, a maioria reagiria apenas com silêncio total. Acontece que seu impacto sobre os negócios norte-americanos e as conclusões que podemos tirar desse impacto sobre o futuro são tão profundos quanto qualquer um desses fenômenos acima citados.

O cerne da Revolução Chave-na-Mão é a maneira de tratar de negócios, a capacidade de transformar drasticamente qualquer empreendimento que estiver numa situação caótica para uma situação de ordem, animação e crescimento contínuo. Estou falando da chave para a criação de um empreendimento bem-sucedido: o modelo perfeitamente equilibrado de um empreendimento que funciona.

O fenômeno da franquia

Tudo começou em 1952, quando um vendedor de 52 anos entrou num quiosque de hambúrgueres em San Bernardino, Califórnia, para vender aos dois irmãos proprietários uma máquina de fazer *milk shakes*.

E o que ele viu era um milagre.

Pelo menos foi assim que Ray Kroc, o vendedor das máquinas, deve tê-lo descrito, pois ele nunca vira qualquercoisa parecida com aquela primeira McDonald's (mais tarde McDonald's) especializada em hambúrgueres.

Aquilo funcionava como um relógio suíço!

A produção dos hambúrgueres funcionava num sistema nunca visto — rápida, eficiente, econômica e uniformemente. E, acima de tudo, *qualquer* pessoa podia fazê-lo. Kroc observava escolares trabalhando com grande precisão, supervisionados pelos proprietários, atendendo alegremente as longas filas de fregueses que se formavam diante do quiosque.

Ficou evidente para Ray Kroc que aquilo que os irmãos MacDonald tinham criado não era apenas mais um quiosque de hambúrgueres, mas uma máquina de fabricar dinheiro!

Logo depois daquela primeira visita, ele convenceu os irmãos Mac e Jim MacDonald a conceder-lhe a franquia de seu método. Passados doze anos e vários milhões de hambúrgueres, ele comprou a parte deles e foi em frente, criando a maior rede do mundo de distribuição a varejo de comida pronta.

O sucesso da McDonald's é realmente incrível. Em menos de trinta anos Ray Kroc levou a McDonald's a um faturamento de US$ 8 bilhões anuais, com mais de oito mil franqueados espalhados mundo afora, que servem alimentos a nove milhões de fregueses *dia após dia*. Um restaurante médio da McDonald's fatura acima de US$ 1 milhão por ano, e é mais rentável que quase qualquer outro sistema varejista no mundo.

No entanto, Ray Kroc criou muito mais que apenas um empreendimento fantasticamente bem-sucedido. Foi ele quem criou o modelo que serviria de base para uma geração inteira de emprendeedores criarem suas fortunas: o fenômeno da franquia.

O início foi como um fio d'água, quando um ou outro empreendedor começou a experimentar a fórmula vitoriosa de Kroc. Porém, logo o fio transformou-se em gigantescas cataratas!

Já em 1984, a rede de franquias constituíra mais de quinhentas mil empresas no país que vendiam tudo, desde hambúrgueres até assessoria jurídica.

Apenas em 1984, o faturamento das franquias totalizou perto de US$ 400 bilhões —*um em cada três dólares gastos no mercado varejista americano* —, e empregava mais de quatro milhões e meio de pessoas em tempo integral ou parcial. A rede de franquias tornou-se o maior empregador de jovens estudantes na economia nacional.

Contudo, a genialidade da McDonald's não está na operação de franquia em si. Esta existe há mais de cem anos. Muitas empresas — como a Coca-Cola e a General Motors — vêm utilizando a franquia como método eficaz de distribuição para atender mercados em grande expansão, sem ser oneroso. O verdadeiro segredo da McDonald's de Ray Kroc evidenciou-se no sistema de franquia empresarial.

Foi esse tipo de franquia que revolucionou os negócios nos Estados Unidos; que, crescendo uma média de oito mil novos pontos por ano, produziu grande parte do sucesso do fenômeno ao longo destes últimos trinta anos. O sistema de franquia empresarial é a chave para a compreensão da Revolução Chave-na-Mão, e com ela o futuro sucesso de sua empresa.

Virando a chave: o sistema de franquia empresarial

No início, o conceito era o da "franquia de marca", com muitas daquelas empresas ainda existentes. Dentro desse conceito o franqueador vende ou concede licença de uso de sua marca, nacionalmente conhecida, em vendas locais.

Entretanto, o sistema de franquia empresarial vai um passo além da simples franquia de marca. Ele não só cede o uso de sua marca ao franqueado, *mas ainda lhe fornece um programa completo de procedimentos no empreendimento.*

É nesta diferença que está o verdadeiro significado da Revolução Chave-na-Mão e de seu extraordinário êxito.

A Revolução Chave-na-Mão e o sistema de franquia empresarial surgiram de uma convicção que contraria tudo aquilo em que a maioria dos fundadores de empresas neste país acredita. Esses empreendedores acreditam que *o sucesso de um negócio reside no sucesso do produto que vendem.* Para o franqueador de marca, o valor da franquia está no valor da marca cujo uso está cedendo, por exemplo, Cadillac, Mercedes, Coca-Cola.

Houve um tempo em que aquela opinião era válida, mas tal movimento já passou. Num mundo em que as marcas proliferam como chuva ao vento fica cada vez mais difícil — e infinitamente mais caro — estabelecer uma posição segura para uma marca e esperar mantê-la.

Em conseqüência disso as franquias de marcas foram diminuindo no mesmo período em que o volume de franquias empresariais em geral explodiu. Entre 1982 e 1984, a franquia de marca caiu à taxa de 1.250 por mês, enquanto as vendas de franquias em geral aumentaram à taxa notável de 1.500 por mês!

Esse extraordinário crescimento foi devido justamente às vendas de sistema de franquia empresarial, porque se baseia na convicção de que o verdadeiro produto de um empreendimento não é *o que*, mas *como* vende. *O verdadeiro produto de uma empresa é a própria empresa.*

Aquilo que Ray Kroc enxergou na McDonald's foi que o produto não era o *hamburguer*, mas a própria *McDonald's*. E sua convicção surgiu de um motivo muito importante.

Vender a empresa em lugar do produto

Ray Kroc era o empreendedor nato. Como muitos outros empreendedores, também sofria de uma enorme desvantagem. Ele tinha um grande sonho e pouquíssimo dinheiro.

Foi aí que entrou a franquia. Ela tornou-se o meio para ele realizar seu sonho.

Naquele momento Kroc começou a encarar seu empreendimento como o produto, e a franquia como seu primeiro, último e mais importante freguês, pois o franqueado não se interessava pelos hamburgueres, nem pelas batatas fritas e tampouco pelos *milk shakes*; seu interesse centrava-se no *empreendimento*. O franqueado, movido pelo desejo de adquirir um empreendimento, queria saber apenas uma coisa: "Vai funcionar?".

Assim, a principal preocupação de Ray Kroc foi certificar-se de que seu empreendimento funcionaria *melhor que qualquer outro*. Para que a McDonald's pudesse concretizar seu sonho, *o franqueado teria de estar disposto a comprá-lo*. A única maneira de ter essa certeza seria garantir que seu empreendimento funcionasse melhor que qualquer outro existente.

Ray Kroc não estava competindo com outras empresas de hambúrgueres; estava competindo com todas as outras oportunidades de negócios!

Porém, havia uma segunda razão para querer ter certeza de que a McDonald's daria certo. Considerando a proporção de fracassos da maioria dos pequenos empreendimentos, ele deve ter percebido um fato fundamental: para que a McDonald's pudesse se transformar num sucesso previsível o negócio *tinha de* funcionar, porque, se o franqueado tivesse de depender dos próprios recursos, o empreendimento certamente fracassaria!

Quando ele compreendeu esse ponto, o problema passou a ser sua grande oportunidade. Diante da necessidade de criar um empreendimento que funcionasse, para torná-lo vendável, ele criou ao mesmo tempo um negócio que continuaria funcionando depois de vendido *—seja quem fosse o comprador*. Baseado nessa compreensão, deu início à tarefa de criar um negócio previsível, à prova de fracassos.

Ele começou a trabalhar *o* seu negócio, em vez de *em* seu negócio.

A princípio tratou o seu negócio da mesma forma que um engenheiro trabalhando num protótipo de um produto a ser fabricado em série. Idealizou a McDonald's tal como Henry Ford deve ter feito com o modelo "T":. Como os componentes do protótipo teriam de ser construídos para que o conjunto pudesse ser montado com componentes totalmente intercambiáveis e a baixo custo? Como os componentes do protótipo teriam de ser construídos para que o sistema empresarial pudesse ser repetido inúmeras vezes, com cada empresa funcionando — tal como o modelo "T" — de maneira tão confiável quanto as milhares já existentes?

O que Ray Kroc fez foi aplicar as idéias básicas da Revolução Industrial ao processo de desenvolvimento de empreendimentos, em um nível nunca antes tentado num empreendimento comercial.

O empreendimento como produto só seria vendável se funcionasse. A única maneira de ter certeza de que ele funcionaria na mão de um franqueado em qualquer parte do mundo seria montá-lo com componentes perfeitamente controláveis, que pudessem ser testados num protótipo antes do início da produção em série.

É aí que está o segredo do incrível sucesso do sistema de franquia empresarial, a rampa de lançamento da Revolução Chave-na-Mão.

Esse segredo é o protótipo da franquia. É com ele que todo cedente bem-sucedido constrói seu futuro, e é o modelo para você fazer seu negócio funcionar com sucesso.

SAM WALTON MADE IN AMERICA
Sam Walton e
John Huey
Formato 16 X 23
250 pág.
Editora Campus
Tel. (021) 293-6443
Rio de Janeiro
1993
(Ver pág. 126)

As Dez Regras Para o Sucesso

SAM WALTON E JOHN NUEY

Neste livro sobre o sucesso pessoal e empresarial, não poderia deixar de constar este poderoso capítulo, "As Dez Regras do Sucesso", extraído da obra Sam Walton — Made in America, *editado no Brasil pela Editora Campus, e que conta a extraordinária história da Wal-Mart, a maior cadeia de lojas varejistas do mundo.*

Tom Peters, co-autor de In Search of Excellence, *disse do autor estas verdadeiras palavras: "Com a possível exceção de Henry Ford, Sam Walton é o empresário do século."*

Um autêntico herói popular americano feito do estofo artesanal do interior americano, Sam Walton transformou a sua loja de miudezas de uma pobre cidade algodoeira na Wal-Mart. Combinando a energia e a sorte de Horatio Alger, a esperteza de Will Rogers, o espírito promocional de P.T. Barnum e o encanto do professor Harol Hill, teremos a vigorosa personalidade de Sam Walton. Indiscutido Capitão do Comércio, esse genial comerciante nunca perdeu o bom senso — aliás, o bom senso era a sua essência.

Todos os que sonham construir um grande negócio ou fazer de sua vida um autêntico sucesso devem *ler este livro. O autor foi um gênio. Seu esmagador sucesso empresarial o qualifica como um iluminado modelo do homem vencedor.*

O livro Sam Walton — Made in America *tem 250 páginas, formato 16 x 23. Selecionamos 12 páginas incompletas, para o nosso leitor sentir a sua mensagem. Nosso desejo é que todos leiam e releiam as 250 páginas do livro-fonte. Já no prefácio, ele diz:*

Alô, amigos, eu sou Sam Walton, fundador e presidente das Lojas Wal-Mart, e espero que já tenham feito compras numa delas, ou comprado ações da nossa companhia. Se compraram, provavelmente já sabem como me orgulho daquilo que é simplesmente um milagre conseguido por todos os meus colaboradores da Wal-Mart nos 30 anos decorridos desde que abrimos nossa primeira loja aqui no noroeste de Arkansas, e que a Wal-Mart e eu ainda consideramos como nossa terra. Por mais difícil que seja, por vezes, acreditar nisso, evoluímos desde aquela primeira lojinha até sermos o que é hoje uma das maiores empresas de vendas a varejo do mundo. E nos divertimos muito durante esse percurso.

Sei que fizemos algo de espantoso, aqui na Wal-Mart, algo especial que devemos compartilhar mais com todas as pessoas que têm sido tão fiéis às nossas lojas e à nossa companhia. É uma coisa que nunca fizemos muito, enquanto estávamos construindo a Wal-Mart — falar de nós mesmos, ou nos gabarmos, fora da família Wal-Mart, a não ser quando era preciso convencer um banqueiro ou um financista de Wall Street de que pretendíamos ser alguma coisa, um dia, e valia a pena arriscar conosco. Quando as pessoas me perguntam "Como foi que a Wal-Mart conseguiu?", eu geralmente sou evasivo ao responder. "Meu caro, nós insistimos e corremos atrás", é o que digo. Fomos sempre muito reservados, e temos boas razões para tanto; temos sido muito discretos em relação aos nossos negócios e à nossa vida familiar, e gostamos que seja assim.

Em conseqüência disso, porém, muitas informações inexatas, muitas meias-verdades e muita fantasia circularam, durante todos esses anos, a meu respeito e a respeito da Wal-Mart. E acho que tem havido uma preocupação excessiva com as minhas finanças pessoais, o que tem causado muitos problemas extras a mim e à minha família — embora eu tenha procurado não tomar conhecimento do que dizem e continuado a viver minha vida e dirigir a Wal-Mart da melhor maneira possível.

Nada disso mudou, realmente. Mas há algum tempo venho lutando contra o câncer e, de qualquer modo, não estou ficando mais jovem. E ultimamente, muitas pessoas — inclusive Helen e os meninos, alguns dos executivos da nossa companhia e até mesmo alguns dos colaboradores em nossas lojas — vêm repetindo que sou a pessoa mais indicada para contar a história da Wal-Mart e que — goste disso ou não — minha vida está integrada à Wal-Mart, e eu devia contá-la enquanto posso. Por isso vou tentar contar essa história da melhor maneira que me for possível, da maneira mais fiel aos acontecimentos, e espero que seja tão interessante, divertida e emocionante para os leitores quanto foi para todos nós, e que possa transmitir-lhes pelo menos um pouco do espírito com que todos nós fizemos esta companhia. Mais do que tudo, porém, quero deixar claro como os colaboradores da Wal-Mart foram importantes para o seu sucesso.

É engraçado passar em revista a própria vida, tentando imaginar como se ajustam as suas peças. Acho que qualquer pessoa acharia isso um pouco estranho, mas para alguém como eu essa estranheza é muito real, porque nunca fui de pensar muito, nunca fui de me voltar para o passado. Mas se tivesse de destacar um elemento da minha vida que teve importância crucial para mim, seria a paixão de competir. Essa paixão me manteve sempre alerta, ansioso para visitar a próxima loja, ou para abrir a próxima loja, ou pelo produto que eu desejava promover pessoalmente nessas lojas — fosse um balde para iscas, uma garrafa térmica, um colchão ou uma grande sacola de balas.

Ao olhar para trás, compreendo que a nossa história é também sobre os tipos de princípios tradicionais que tornaram grandes os Estados Unidos. É uma história sobre o espírito empresarial, sobre o risco e o trabalho árduo, sobre a certeza de onde se quer chegar e a disposição de fazer o que é necessário para chegar lá. É uma história que fala em acreditar numa idéia mesmo quando outras pessoas talvez não acreditem, e de persistência. Mais do que qualquer outra coisa, porém, acho que ela mostra que não há nenhum limite para o que as pessoas comuns, simples e trabalhadoras podem realizar, se tiveram a oportunidade, o estímulo e o incentivo para fazer o seu melhor. Pois foi assim que a Wal-Mart se tornou Wal-Mart; com pessoas comuns que se associaram para realizar coisas extraordinárias. A princípio nós nos surpreendemos conosco mesmos. Mas logo depois, estávamos surpreendendo os outros, especialmente os que achavam que a América é um lugar demasiado complicado e sofisticado para que esse tipo de coisa ainda funcione.

A história da Wal-Mart é excepcional: nada parecido aconteceu antes. Por isso, talvez contando como as coisas realmente aconteceram, possamos ajudar outras pessoas a adotar os mesmos princípios e aplicá-los aos seus sonhos, fazendo com que se tornem realidade.

As dez regras

"Uma coisa que vocês nota-

rão se passarem muito tempo conversando com Sam sobre o sucesso da Wal-Mart: ele está sempre dizendo coisas como 'Esta foi a chave de tudo', ou 'Aquele foi o nosso verdadeiro segredo'. Ele sabe tão bem quanto qualquer outra pessoa que não houve nenhuma fórmula mágica. Uma porção de coisas diferentes fez com que desse certo, e num mesmo dia ele pode citar todas elas como a 'chave' ou o 'segredo'. O espantoso é que durante quase 50 anos ele conseguiu focalizar todas ao mesmo tempo. É esse o seu verdadeiro segredo."

David Glass

Creio que já contamos a história de como todos os meus sócios, colaboradores e eu fizemos da Wal-Mart, no decorrer dos anos, o que ela é hoje. E ao contar, creio que expusemos todos os princípios que resultaram no espantoso sucesso da companhia. Muita coisa mudou no comércio varejista nos 45 anos que dele participamos — inclusive algumas de minhas teorias. Mudamos de idéia sobre algumas coisas significativas, ao longo desse caminho, e adotamos alguns princípios novos — particularmente o conceito de sociedade numa empresa. Mas a maioria dos valores, das normas e das técnicas que nos nortearam continuaram as mesmas. Algumas delas são clássicos do bom senso, e nem precisam ser mencionadas.

Não é esta a primeira vez que me pedem para apresentar uma lista de regras para o sucesso, mas é *realmente* a primeira vez que eu a preparei. E estou satisfeito com isso, porque foi um exercício revelador para mim. A verdade é que David Glass tem razão. Há realmente uma dúzia de pontos que mencionei em diferentes ocasiões, como a "chave" de tudo. Um deles, que sequer faz parte de minha lista, é "trabalho árduo". Se você já não sabe disso, ou não está disposto a trabalhar muito, provavelmente não irá longe bastante para precisar de minha lista, de qualquer modo. E outro que não incluí foi a idéia da criação de uma equipe. Se você quiser criar uma empresa, qualquer que seja o tamanho dela, quase nem será preciso dizer que tem de criar um grupo de pessoas que trabalhem juntas e dêem um significado real à gasta palavra "equipe". Para mim, isso representa antes a meta de toda a coisa do que um meio de chegar até lá.

Acredito que devemos ter sempre metas, e que devem ser altas. Posso dizer-lhes com certeza que o pessoal da Wal-Mart sempre teve metas. De fato, por vezes montamos verdadeiros placares no palco, nas reuniões das manhãs de sábado.

Mais uma coisa. Se você está realmente esperando meus conselhos, aqui, tentando ganhar alguma coisa séria com este meu esforço, lembre-se de que estas regras não têm a pretensão de serem Os Dez Mandamentos do Comércio. São regras que funcionaram para mim. Mas eu sempre me orgulhei de violar as regras dos outros, e sempre simpatizei com os irrequietos, que contestam minhas regras. Posso ter lutado contra eles até o fim, mas os respeitei e, no fundo, os ouvi com mais atenção do que dei aos que sempre concordaram com tudo o que eu disse. Assim, tenha uma atenção especial para com a Regra nº 10, e se interpretá-la da maneira adequada — tal como se aplica a você — ela pode significar simplesmente: "Viole Todas as Regras."

Qualquer que seja o seu valor, aqui estão. Regras do Sam para criar um negócio.

Regra nº 1: Dedique-se ao seu negócio. Acredite nele mais do que qualquer outra pessoa. Creio ter superado cada uma de minhas deficiências pessoais pela simples paixão pelo meu trabalho. Não sei se você nasceu com essa paixão, ou se pode aprendê-la. Mas sei que precisa dela. Se gosta do seu trabalho, você se dedicará a ele todos os dias, tentando fazê-lo da melhor maneira, e dentro em pouco todos à sua volta pegarão essa paixão de você — como uma doença.

Regra nº 2: Divida os seus lucros com os seus colaboradores, e trate-os como sócios. Por sua vez, eles o tratarão como sócio, e juntos vocês terão um desempenho muito superior às maiores expectativas. Continue sendo uma empresa e conserve o controle se quiser, mas comporte-se como um líder numa sociedade. Estimule os seus colaboradores a terem participação na companhia. Ofereça ações com descontos e ofereça-as quando eles se aposentarem. Foi a melhor coisa que fizemos.

Regra nº 3: Motive seus colaboradores. Dinheiro e propriedade apenas não bastam. Constantemente, dia a dia, pense em maneiras novas e mais interessantes de motivar e desafiar os seus colaboradores. Fixe metas elevadas, estimule a competição, e registre o desempenho em pontos. Faça apostas com prêmios extravagantes. Se isso perder a novidade, faça combinações; promova a troca de funções entre gerentes para manter o desafio. Mantenha todos em suspense quanto à sua próxima idéia. Não se torne muito previsível.

Regra nº 4: Comunique tudo o que for possível aos seus colaboradores. Quanto mais eles souberem, mais compreenderão. Quanto mais compreenderem, mais se interessarão. Quando se interessarem, não vão parar. Se você não confiar nos seus auxiliares e deixar que saibam o que está acontecendo, eles sentirão que você não os considera realmente como sócios. Informação é poder, e o ganho que você tem em dar poder aos seus colaboradores mais do que compensa o risco de que essas informações cheguem aos seus concorrentes.

Regra nº 5: Aprecie tudo o que seus colaboradores fizerem pelo negócio. O cheque de pagamento e a opção para a compra de ações compram um tipo de lealdade. Mas todos nós gostamos de saber o quanto alguém aprecia o que fazemos por eles. Gostamos de ouvir isso com freqüência, em especial quando fizemos alguma coisa de que realmente nos orgulhamos. Nada substitui perfeitamente umas poucas palavras de elogio, bem escolhidas, sinceras e oportunas. Elas não custam absolutamente nada — e valem uma fortuna.

Regra nº 6: Comemore o seu sucesso. Veja com bom humor os seus fracassos. Não se leve muito a sério. Relaxe, e todos à sua volta relaxarão. Divirta-se. Mostre entusiasmo — sempre. Quando tudo falhar, ponha uma fantasia e cante uma canção boba. Faça com que todos cantem com você. Não dance a hula em Wall Street, eu já fiz isso. Pense num número que seja seu. Tudo isso é mais importante, e mais engraçado, do que você pensa, e realmente engana a concorrência. "Por que vamos levar a sério aqueles malucos da Wal-Mart?"

Regra nº 7: Ouça todos em sua companhia. E imagine formas de fazer com que falem. As pessoas na linha de frente — as que falam com o cliente — são as únicas que realmente sabem o que está acontecendo ali. É melhor descobrir o que elas sabem. Qualidade total é isso. Para delegar responsabilidades em sua organização, e fazer com que boas idéias fermentem junto com as responsabilidades, você tem de ouvir o que os seus associados estão tentando dizer.

Regra nº 8: Supere as expectativas dos seus clientes. Se o fizer, eles voltarão sempre. Dê-lhes o que querem — e um pouco mais. Faça-os sentir que você os aprecia. Procure aproveitar-se de todos os seus erros e não apresente justificativas — peça desculpas. Assuma tudo o que faz. As duas palavras mais importantes que já escrevi estavam naquela primeira tabuleta da Wal-Mart: "Satisfação Garantida". Elas continuam ali, e fazem toda uma diferença.

Regra nº 9: Controle as suas despesas melhor do que a sua concorrência. É aí que você pode encontrar sempre a vantagem competitiva. Durante 25 anos de atividades — muito antes que a Wal-Mart fosse conhecida como a maior companhia de varejo do país — nós éramos os primeiros do ramo na menor proporção entre despesas e vendas. Você pode cometer muitos erros e recuperar-se, se tiver uma empresa eficiente. Ou pode ser brilhante e fechar as portas, se for muito ineficiente.

Regra nº 10: Nade contra a correnteza. Ande no caminho inverso. Não leve em conta a sabedoria convencional. Se todos estão fazendo de um jeito, há uma boa possibilidade de que você encontre o seu espaço se fizer exatamente o oposto. Mas esteja preparado para ser condenado por muita gente, que lhe dirá que está no caminho errado. Acho que em toda a minha vida o que ouvi com mais freqüência foi: uma cidade com menos de 50.000 habitantes não pode manter uma loja de ofertas por muito tempo.

São regras bastante comuns, pode-se dizer que são até mesmo simplistas. O difícil, o verdadeiro desafio, é imaginar constantemente maneiras de executá-las. Você não pode simplesmente continuar fazendo o que deu certo uma vez, porque tudo à sua volta está sempre mudando. Para ter sucesso, é preciso estar à frente dessa mudança.

Deixando um legado

A esta altura, já deve ser evidente para o leitor que dediquei a maior parte de minha vida à Wal-Mart — criando-a, fazendo-a crescer e sempre aprimorando o conceito desse fenômeno. Minha vida foi cheia, divertida, desafiadora e recompensadora, superando até mesmo as minhas maiores expectativas. As coisas se fizeram sempre mais ou menos ao meu jeito. Enquanto muita gente trabalhava em empregos desgastantes dos quais talvez não gostassem, eu me divertia muito. Quando não estava nas lojas, tentando fazer com que nossos colaboradores realizassem um trabalho ainda melhor, ou no escritório, examinando os números para ver onde iria surgir o problema seguinte, ou liderando o nosso grito de guerra na reunião das manhãs de sábado, provavelmente estaria pilotando meu avião, olhando para alguma parte deste nosso belo país — e contando o número de carros nos estacionamentos das lojas Kmart. Ou, talvez, estivesse tirando algumas horas de folga para jogar um pouco de tênis, ou para caçar com os meus cachorros.

Tudo isso terminou para mim, agora. Estou realmente doente, e acho que quando a gente envelhece, e a enfermidade nos atinge, naturalmente nos tornamos um pouco filosóficos — em especial, tarde da noite, quando não podemos dormir e nossa mente repassa tudo, várias vezes, tentando avaliar o que fomos e o que fizemos. A verdade é que se não fosse a doença, duvido que tivesse escrito este livro, ou tivesse tempo para tentar avaliar a minha vida. Como vocês devem saber, já agora, temperamentalmente, inclino-me demais para a ação para realizar um projeto tão sedentário. Mas como comecei, vou até o fim e tentarei dizer a vocês o que sinto sobre algumas das coisas que me parecem importantes

Isso parecerá estranho a pessoas que me conhecem bem, mas ultimamente tenho pensado se devo ter remorso por me ter dedicado de maneira tão total à Wal-Mart. Terá sido realmente compensador todo aquele tempo que passei longe da minha família? Deveria eu ter pressionado tanto os meus colaboradores, durante todos esses anos? Estarei deixando alguma coisa de cuja realização me possa orgulhar, ou falta-lhe sentido para mim, agora que enfrento o desafio final?

Poderíamos ter seguido muitos caminhos diferentes, em vários momentos. Muitas pessoas entraram no comércio varejista da mesma maneira que eu, construíram suas companhias até um certo ponto, e então disseram: "Basta", venderam a empresa e compraram uma ilha. Eu podia ter deixado tudo de lado para brincar com os netos ou poderia ter dedicado os últimos anos de minha vida a obras boas, creio. Não conheço ninguém mais que tenha feito como eu: começado como um neófito, aprendido o seu ofício, varrido o chão, escriturado os livros, esfregado as janelas, pesado o açúcar, manobrado a registradora, instalado as armações, remodelado as lojas, construído uma organização deste tamanho e qualidade, e continuado a fazer isso até o fim, porque lhe agradava tanto. Ninguém que eu conheça fez isso.

Eis como vejo a coisa: minha vida tem sido uma troca. Se eu queria alcançar as metas que fixei para mim mesmo, tinha de perseverar cotidianamente no esforço para isso. Tinha de pensar nelas todo o tempo. E suponho ser verdade o que David Glass disse a meu respeito: eu tinha de me levantar a cada dia pensando em melhorar alguma coisa. Charlie Baum também tinha razão ao dizer que eu era impulsionado por um desejo de ficar sempre no alto. Mas no sentido mais amplo — no sentido da vida e da morte — terei feito as escolhas certas?

Tendo refletido muito sobre isso, agora, posso dizer sinceramente que se tivesse de fazer as escolhas novamente, faria exatamente as que fiz. Os sacerdotes são colocados aqui para cuidar das nossas almas; os médicos, para curar nossas doenças; os professores, para abrir nossos espíritos, e assim por diante. Cada qual tem seu papel a cumprir. Estou absolutamente convencido de que a única maneira pela qual poderemos melhorar a qualidade de vida, que é algo muito real para os que cresceram na Depressão, é através do que chamamos de livre empresa — praticada de maneira correta e moral. E realmente acredito que não são muitas as companhias que fizeram as coisas como nós da Wal-

Mart. Melhoramos o padrão de vida de nossos clientes, para os quais economizamos bilhões de dólares, e de nossos colaboradores, que puderam participar de nossos lucros. Muitas pessoas, em ambos os grupos, investiram também em nossas ações e lucraram durante todos estes anos.

Quando começamos, toda a idéia era apenas o motivo de lucro: nossa estratégia comercial era atrair os clientes vendendo artigos da melhor qualidade possível pelos menores preços possíveis. Funcionou, e os poucos entre nós que acreditaram nisso desde o começo e investiram na idéia enriqueceram com ela.

Evidentemente, nem todas as pessoas que foram trabalhar na Wal-Mart ficaram ricas. Mas são muitas as histórias dos colaboradores nossos que ganharam o suficiente para, pelo menos, comprar seu primeiro carro, ou sua primeira casa, e muitos que se aposentaram com mais de um milhão de dólares de participação nos lucros. Pudemos ajudar os nossos colaboradores em proporções maiores do que na maioria das companhias, devido ao que se poderia chamar de interesse esclarecido: fomos suficientemente egoístas para ver, desde o início, o valor que tinha para a companhia a sua participação nos lucros.

Também acho que os colaboradores de nossa companhia que acreditam em nossos ideais e nossas metas e estão de acordo com o programa sentiram uma satisfação espiritual — mais no sentido psicológico do que religioso — com toda essa experiência. Aprenderam a ficar eretos, olhar as pessoas nos olhos e falar com elas, e sentiram-se melhor consigo mesmos, e quando se começa a ganhar confiança, não há razão pela qual não se possa continuar a melhorar. Muitas dessas pessoas decidem ir para uma escola superior, ou dirigir uma loja, ou aproveitar o que aprenderam para começar seu próprio negócio, ou fazer um bom trabalho e orgulhar-se disso. A Wal-Mart ajudou os seus bolsos e o seu amor-próprio. Há sem dúvida certos sindicalistas e certos intermediários que não concordariam comigo, mas acredito que milhões de pessoas estão hoje melhor do que estariam se a Wal-Mart não existisse. Sinto-me muito orgulhoso com tudo isso e com a maneira pela qual gastei minhas energias nesta vida.

De uma coisa tenho certeza. É fora de dúvida que mudamos o modo pelo qual o comércio varejista funciona em nosso país. E quando digo nós não me refiro apenas à Wal-Mart. Algumas das pessoas de que falei antes neste livro, como Sol Price, Harry Cunningham e John Geisse, também merecem muito crédito por isso. Toda a filosofia do comércio varejista mudou devido à qualidade das lojas de oferta, das quais acredito que somos as melhores. Quase que desde o princípio o nosso objetivo foi cobrar o mínimo possível pelas nossas mercadorias, e tentar usar toda a força que tivéssemos para conseguir com nossos fornecedores negócios que nos permitissem oferecer a melhor qualidade possível. Muitas pessoas em nosso ramo ainda estão tentando cobrar o que o mercado tolerar, e estão simplesmente no caminho errado. Digo-lhes uma coisa: as companhias que não pensam nos clientes, não se concentram no interesse dos clientes, vão se perder nessa luta — se é que já não se perderam. Os que são ambiciosos vão ficar na poeira.

Há no que aconteceu com a Wal-Mart lições que vão além do comércio varejista e se aplicam a muitos outros tipos de negócio. Partimos de uma constatação: a livre empresa é o motor de nossa sociedade; o comunismo está desmoronando, e já mostrou isso. Portanto, não há mais nada que se possa comparar com a sociedade livre, baseada numa economia de mercado. Nada pode vencer esse sistema — nada, a menos que a liderança e a administração se tornem egoístas ou preguiçosas. No futuro, a livre empresa terá de ser bem-exercida — o que significa que terá de beneficiar os trabalhadores, os acionistas, as comunidades e, é claro, a sua administração, que deve adotar uma filosofia de liderança para servir.

Nos últimos tempos, não creio haver dúvida de que muitas empresas americanas pensaram primeiro em si mesmas, com demasiada freqüência, para depois pensar nos outros. Os japoneses têm razão num ponto: não se pode criar um espírito de equipe quando a situação é unilateral, quando a administração fica com um pedaço tão grande do bolo, e os trabalhadores, com um pedaço tão pequeno. Alguns dos salários que vejo por aí estão totalmente desatualizados, e todo mundo sabe disso. É evidente que a maioria das companhias faria melhor se baseasse os proventos de sua direção no respectivo desempenho, ou no retorno oferecido ao investimento feito pelos acionistas, ou em qualquer outro índice que leve claramente em conta a maneira pela qual os diretores estão fazendo o seu trabalho. E a fórmula tem de assegurar a divisão justa dos lucros com os trabalhadores, os administradores e os acionistas, de acordo com suas contribuições e riscos. Na Wal-Mart, sempre pagamos aos nossos executivos menos do que é habitual nesse ramo de negócio, por vezes excessivamente menos. Mas sempre os recompensamos com bônus em ações e outros incentivos relacionados diretamente com o desempenho da companhia. Não é por acaso que ela, junto com os seus diretores, se tem saído bem.

Acredito que nossa maneira de ver as coisas terá o seu reconhecimento nesta década e no próximo século. A maneira de realizar negócios, mundialmente, vai ser diferente, e grande parte dessa diferença refletirá aquilo que nós, de uma maneira egoísta, chamamos de Jeito Wal-Mart. Na economia global, a empresa bem-sucedida fará exatamente o que a Wal-Mart está sempre tentando fazer: delegar cada vez mais a responsabilidade pelas decisões às pessoas que estão na linha de tiro, as que tratam com os clientes diariamente. A boa administração vai começar a ouvir as idéias desses soldados rasos, reunindo-as e disseminando-as pelas suas organizações, a fim de que as pessoas possam agir de acordo com elas. É assim que já estão fazendo companhias bem-sucedidas: 3M, Hewlett-Packard, G.E., Wal-Mart. Grandes idéias podem vir de qualquer lugar, desde que ouçamos e procuremos por elas. Nunca se sabe quem vai ter uma grande idéia.

Podemos mudar a tendência do mundo, tal como fizemos com o comércio varejista. Podemos fazer isso melhor do que os japoneses, porque somos mais inovadores, mais criativos. Podemos competir com a mão-de-obra de Bangladesh, ou qualquer outro lugar, porque temos uma tecnologia melhor, que nos pode dar equipamento mais eficiente. Podemos superar muitas de nossas relações adversas e estabelecer associações com nossos fornecedores e nossos trabalhadores em que todos ganhem, e que nos deixarão com mais energia e talento para nos concentrarmos no importante, o atendimento das necessidades de nossos clientes. Mas tudo isso exige a superação de uma das forças mais poderosas da natureza humana: a resistência à mudança. Para ter êxito neste mundo, é preciso mudar sempre.

Quando vemos o que aconteceu com a indústria americana de automóveis, sentimos a tentação de tratar os japoneses injustamente — devido à maneira pela qual eles nos tratam, com as suas leis protecionistas. Nossa indústria automobilística não está sendo tratada com lealdade. Mas não me parece que devemos revidar com protecionismo também, porque ele não soluciona o verdadeiro problema: a qualidade de nosso produto não compete com a qualidade do produto japonês, quer reconheçamos isso ou não. É um grande desafio para a administração das empresas. O que elas têm de fazer é formar uma sociedade com seu pessoal.

Compreendo que a indústria automobilística tem problemas que não vimos no nosso negócio. Sei que seus operários ganham 22 dólares por hora, em comparação com os 16 dólares no Japão, e que os trabalhadores mexicanos na indústria automobilística ganham muito menos. Não estou dizendo que eu poderia resolver todos esses problemas, mas gostaria muito de pegar hoje uma companhia coberta por um sindicato e convencer seu pessoal da necessidade de ser globalmente competitivo — quer em automóveis, aço ou eletrônica. Gostaria de ter a oportunidade de fazer isso, o prazer de ver se poderiam ser motivados a constituir-se numa equipe que participasse do sucesso de toda a companhia — e ainda continuar a ter um sindicato. Seria necessária muita persuasão para conseguir isso, mas garanto que poderia ser conseguido por alguém suficientemente obcecado e persistente. Mas, para que a administração da indústria americana possa dizer aos seus trabalhadores que estão todos juntos no mesmo barco, terá de deixar essa tolice de pagar aos diretores bônus de três e quatro milhões de dólares todos os anos e de andar por toda a parte em limusines e jatos das empresas, como se fossem muito melhores do que os outros.

Não estou dizendo que toda companhia deva necessariamente ser tão econômica quanto a Wal-Mart. Nem todos estão no ramo das lojas de ofertas, tentando economizar cada dólar possível para os seus clientes. Mas eu me pergunto se muitas dessas companhias não se sairiam igualmente bem se os seus executivos vivessem um pouco mais como pessoas reais. Muita gente acha que é loucura minha viajar em classe econômica sempre que faço um vôo comercial, e talvez eu exagere um pouco. Mas acho que me cabe, como líder, dar o exemplo. Não é justo que eu ande de uma maneira e peça aos outros que viajem de maneira diferente. No momento em que se faz isso, começa-se a criar ressentimentos e toda a idéia de equipe começa a se frustrar.

Mas para mim, já é tempo de esquecer o passado e pensar em como realmente desejo que seja o legado da Wal-Mart, no futuro. Gostaria de acreditar que, continuando a florescer e a crescer, a Wal-Mart possa fazer jus ao nome que nos foi dado por alguém: o Farol dos Ozarks. Só espero que possamos difundir o conceito para além de nossa região de origem, porque agora somos uma companhia realmente nacional. Para que a Wal-Mart mantenha a sua posição nos corações de nossos clientes, temos de estudar mais formas pelas quais possamos fazer uma retribuição às nossas comunidades. Orgulho-me tremendamente das coisas que fizemos e que já mencionei. E já estamos estudando meios pelos quais possamos participar mais, ser mais socialmente conscientes em todos os aspectos. Como já disse, nosso país precisa desesperadamente de uma revolução na educação, e espero que a Wal-Mart possa contribuir de alguma forma, ainda que seja por motivos egoístas. Sem um sistema educacional forte, o princípio da livre empresa que permite a uma Wal-Mart, ou a uma IBM, ou a uma Procter & Gamble aparecer em cena e fortalecer a economia de nosso país simplesmente não funciona. Você pode ter problemas em acreditar nisso, mas todas as vezes que testamos o velho ditado, ele nos foi confirmado: quanto mais se dá, mais se recebe.

Finalmente, muita gente me faz sempre duas perguntas relacionadas entre si. A primeira é: poderia uma história do tipo da Wal-Mart ocorrer ainda hoje? A minha resposta é que certamente poderia acontecer de novo. Neste momento, em algum lugar, deve existir alguém — provavelmente centenas de milhares de alguéns — com boas idéias em número suficiente para percorer todo esse caminho. Ele será percorrido novamente, muitas vezes, desde que alguém deseje realmente fazer o necessário para chegar lá. É apenas uma questão de atitude e capacidade de estudar constantemente, e uma questão de administração do negócio.

A segunda pergunta é: se eu fosse um jovem, ou uma jovem, começando hoje com os mesmos talentos, energias e aspirações que eu tinha há 50 anos, o que faria? A resposta a essa pergunta é um pouco mais difícil. Não sei exatamente o que eu faria hoje, mas tenho razoável certeza de que eu estaria vendendo alguma coisa, e espero que fosse em nível de varejo, onde eu poderia ter contato direto com os clientes, com as pessoas vindas da rua. Creio que estudaria o setor de varejo hoje e escolheria o ramo que prometesse mais com menos investimento. Provavelmente alguma forma de varejo especializado, relacionada talvez com computadores, ou alguma como a Gap — ou mesmo a Body Shop.

De qualquer modo, da próxima vez que algum lojista impaciente, ligeiramente excêntrico, abrir um negócio lá na sua cidadezinha, antes de prever apressadamente a sua falência, lembre-se daqueles dois sujeitos que deram um prazo de talvez 60 dias de duração para a minha loja em Fayetteville. Vá ver de perto a nova loja. Veja o que tem a oferecer, como tratam o cliente, e decida por você mesmo se quer voltar lá. Mas é disso que se trata, realmente. Neste país livre que é o nosso, o sucesso daquele lojista depende inteiramente de você, o cliente.

SABEDORIA DAS PARÁBOLAS
Huberto Rohden
Formato 14 X 21
240 pág.
6ª edição
Editora Martin Claret
Tel. (011) 262-8144
São Paulo
(Ver pág. 129)

A Maior História de Sucesso de Todos os Tempos

HUBERTO ROHDEN

O leitor atento poderá perguntar-se — que tem a ver este texto num livro sobre Poder e Sucesso?

Verdadeiramente, tem tudo a ver.

Acontece que a "História do Filho Pródigo", publicada na Bíblia (Novo Testamento), *e de autoria verbal do homem de maior sucesso e poder da História, é uma grande lição de sucesso e de poder. Explícito e nas entrelinhas da parábola está contido todo um método de plenitude existencial.*

Na verdade, esta parábola conta a história do sucesso de um homem que percorreu todos os caminhos da Vida. O egresso *— saída para a experiência do mundo. O* ingresso *— a entrada na total experiência do mundo. E o regresso — a volta para o mesmo mundo, agora completamente auto-realizado, ou bem-sucedido.*

Todo o ser humano é um Filho Pródigo. Depende dele auto-realizar-se ou não.

Somente esta história do Filho Pródigo — se compreendida e vivenciada — bastaria para nos motivar para o poder e o sucesso.

A Parábola do Filho Pródigo. (15, 11-32). Prosseguiu Jesus, dizendo: "Um homem tinha dois filhos. Disse o mais novo deles ao pai: Pai, dá-me a parte da natureza que me convém. Ao que ele dividiu entre eles a vida.

Passados poucos dias, o filho mais moço juntou tudo e partiu para uma terra longínqua. Aí esbanjou a sua natureza numa vida dissoluta. Depois de tudo dissipado, sobreveio uma grande fome àquele país; e ele começou a sofrer necessidade. Retirou-se então e pôs-se ao serviço de um dos cidadãos daquela terra. Este o mandou para os seus campos guardar os porcos. Ansiava ele por encher o estômago com as vagens que os porcos comiam, mas ninguém lhas dava.

Então entrou em si e disse: Quantos trabalhadores, em casa de meu pai, têm pão em abundância, e eu aqui morro de fome. Levantar-me-ei e irei ter com meu pai, e lhe direi: Pai, pequei contra o céu e diante de ti; já não sou digno de ser chamado teu filho; trata-me tão-somente como um dos teus trabalhadores.

Levantou-se pois, e foi em busca de seu pai.

O pai avistou-o de longe, e movido de compaixão, correu-lhe ao encontro, lançou-se-lhe ao pescoço e beijou-o. Disse-lhe o filho: Pai, pequei contra o céu e diante de ti; já não sou digno de ser chamado teu filho. O pai, porém, ordenou a seus servos: Depressa, trazei a melhor veste e vesti-lha; ponde-lhe um anel no dedo e calçado nos pés. Buscai também o novilho gordo e carneai-o. Comamos e celebremos um festim; porque este meu filho estava morto, e reviveu; andava perdido, e foi achado.

E começaram a celebrar um festim.

Entrementes, estava o filho mais velho no campo. Quando voltou e se aproximou da casa, ouviu música e dança. Chamou um dos criados e perguntou-lhe o que era aquilo. Respondeu-lhe ele: Chegou teu irmão, e teu pai mandou carnear o novilho gordo; porque o recebeu são e salvo. Indignou-se ele e não quis entrar. Saiu então o pai e procurou persuadi-lo. Ele, porém, respondeu ao pai: Há tantos anos que te sirvo, e nunca trans gredi nenhum mandamento teu; e nunca me deste um cabrito para eu me banquetear com os meus amigos. Mas, logo que chegou esse teu filho, que dissipou os teus bens com meretrizes, lhe mandaste carnear o novilho gordo.

Meu filho — tornou-lhe o pai — tu estás sempre comigo, e tudo o que é meu é teu. Mas não podíamos deixar de celebrar um festim e alegrar-nos; porque teu irmão estava morto e reviveu: andava perdido e foi achado."

* * *

A história do filho pródigo é, quase sempre, apresentada exclusivamente como a parábola clássica da misericórdia de Deus para com o pecador penitente. Oradores e escritores fazem dela um poema melodramático e sentimental do amor de um Pai que recebe de braços abertos um filho ingrato que, finalmente, se arrepende dos seus desvarios e regressa à casa paterna. Esse pai misericordioso é Deus, e o filho pródigo é qualquer pecador que se converte.

Não é intenção nossa excluir totalmente essa interpretação comovente.

Entretanto, à luz do texto original do primeiro século, não cremos que seja esta a quintessência, o alfa e ômega da história narrada por Jesus. Por entre as linhas aparece algo infinitamente mais profundo e sublime, mais cósmico e ontológico do que esse drama do amor paterno e da humildade filial.

A história do filho pródigo — que, no Evangelho, não é chamada parábola — é o drama da evolução ascensional do homem e a epopéia multimilenar da própria humanidade. Podemos até afirmar que, nessa narrativa, atingiu o espírito do Nazareno as mais excelsas culminâncias da sua visão cósmica sobre o homem individual e sobre a humanidade universal.

A fim de compreendermos devidamente o poema cósmico do filho pródigo, devemos, acima de tudo, remontar ao texto grego do primeiro século, nem sempre fielmente reproduzido em nossas traduções.

No texto grego original de Lucas — o único evangelista que refere o fato e que escreveu diretamente em língua grega — lemos o seguinte: "Um pai tinha dois filhos. Disse-lhe o mais novo: Pai, concede-me a parte da natureza que me convém."

A *Vulgata Latina* traduz: "Dá-me a porção da substância que me pertence". Substância, em latim, pode significarr "aquilo que subestá", que subjaz à minha vida, que é a minha natureza humana de jovem. Mas os tradutores entendem, geralmente, por *substância* o dinheiro.

O texto original grego é bem claro quando diz: "A parte da minha natureza (*ousia*, do verbo *einai*, que significa "ser") que me convém (*epibállon*).

Que é que o filho mais novo, talvez de 15 anos, pede ao pai?

Muitos pensam que ele tenha pedido a parte dos bens materiais a que julgava ter direito, e o pai teria distribuído entre os dois filhos os bens da família, na medida do direito de cada um. Mas, teria um rapaz o direito de pedir isto ao pai? E, se assim acontecera, como se entende que, após o regresso do filho pródigo, o filho mais velho diz ao pai que nunca recebeu nada dele? Se houvesse partilha dos bens, teria o filho mais velho recebido a sua parte, e não se poderia queixar.

O texto grego não se refere à partilha dos bens, fala da parte da natureza (*ousia*) que ao jovem convém. Isto é, o jovem reclama o direito da sua juventude, insiste na sua liberdade pessoal de jovem independente, faz valer o direito de não mais ser criança dependente, mas adolescente autônomo. Pede um modo de vida conveniente (*epibállon*) a sua natureza de jovem.

O pai reconhece, em silêncio, essa conveniência; não protesta, não dissuade o jovem com nenhuma palavra; reconhece que ele deve iniciar a fase da sua adolescência. Também não aparece nenhuma mãe chorando e dissuadindo o filho de gozar os direitos da sua mocidade independente.

Em silêncio, "o pai dividiu entre eles a vida" (*bios*). A palavra grega *bios* quer dizer "vida", onde a Vulgata Latina repete a mesma palavra "substância".

O pai dividiu a vida (*bios*) entre os dois filhos: o mais velho continua na sua vida dependente, o mais novo inicia uma vida independente. Ou seja: o filho mais novo desperta para o segundo estágio da sua evolução hominal, deixa de ser criança inexperiente, e passa a ser um jovem experiente da sua ego-personalidade — ao passo que seu irmão mais velho continua estagnado no plano do seu infra-ego inexperiente; não comeu ainda do "fruto da árvore do conhecimento do bem e do mal", como diria Moisés.

Com o despertar da personalidade, entra o jovem na fase da liberdade. O livre-arbítrio recém-despertado manifesta-se primeiro em forma negativa, porquanto o ego humano é essencialmente centrífugo, separatista, dispersivo, anticósmico.

E durante muito tempo continua a ego-personalidade a viver exclusivamente nessa dimensão da egoidade hipertrofiada, esbanjando todas as suas potências numa vida dissoluta, como é invariavelmente a vida com 100% de ego-consciência e 0% de Eu-consciência.

E, como toda a culpa livremente cometida gera sofrimentos necessariamente subseqüentes, no ponto culminante das maldades aparecem os males.

O jovem começa a sofrer as inevitáveis conseqüências das suas culpas. Sofre, sofre, sofre...

Mas o sofrimento não o levou, logo de início, à redenção. O jovem sofredor culpado procura libertar-se dos males sem se redimir da maldade: associa-se a um pecador inveterado na maldade e dele espera libertação dos seus males. O jovem sofredor, no auge da sua miséria, apela para um rico fazendeiro, morador naquela zona; pede-lhe serviço para poder sobreviver. Sem tardança, o velho pecador se prontifica a ajudar o jovem pecador, mandando-o guardar uma manada de porcos que ele tem na sua fazenda. Dá serviço ao jovem sofredor — mas não lhe dá alimento.

Assim é que todo egoísta trata outro egoísta.

O jovem acabou pastor de porcos imundos. E quando ouvia o ruidoso crepitar das vagens de alfarroba entre os dentes dos suínos; quando ele via como os animais, depois de encherem a barriga, se deitavam gostosamente no chiqueiro e dormiam tranqüilamente, enquanto o jovem, de estômago vazio, sentia o desejo de ser animal também para poder ser estupidamente feliz como eles — então despertou nele algo misterioso...

"Desejava encher sua barriga" (*implere ventrem suum*), não saciar-se, que é impossível ao racional, mas pelo menos "encher a barriga", como os porcos, já que outra coisa não lhe era possível. Desejava, pelo menos, esquecer sua insatisfação, já que não se podia satisfazer; tentava enganar, narcotizar, com gozos materiais os seus anseios espirituais.

Mas, diz o texto, ninguém lhe dava essa satisfação animalesca. Alimentos materiais não saciam fome espiritual.

Ali, no meio duma manada de animais satisfeitos, desceu a insatisfação do jovem ao mais profundo nadir da infelicidade.

E foi então que o máximo do sofrimento o levou ao início da auto-realização. "Ele entrou em si", diz o texto.

"*Caiu* em si, escrevem os maus tradutores, como se alguém pudesse cair para cima. "*Entrou* em si", diz o autor sacro.

Saiu das periferias do ego pecador e sofredor — entrou no centro do seu Eu redentor. Aconteceu ao filho pródigo a maior coisa que pode acontecer ao homem: a *autocompreensão*. Que sou eu?...

E toda a *autocompreensão* transborda em *autorealização*.

Que sou eu? Sou eu realmente um pastor de porcos? Não! Isto é a triste profissão do meu ego humano — mas não é a gloriosa vocação do meu Eu divino...

Que sou eu?

Eu sou filho daquele pai bondoso. Não sou o que pareço ser externamente — sou e sempre serei o que sou internamente. Eu pareço ser escravo de um tirano egoísta, que me reduziu a pastor de porcos — mas eu sou o filho livre de alguém que continua a ser meu pai.

Depois desse *ingresso* no seu Eu, e esse *egresso* do seu ego, veio o *regresso* ao Pai.

A autocompreensão transborda infalivelmente em auto-realização.

Dizem certos tradutores que o jovem se "arrependeu"; outros chegam ao auge da absurdidade afirmando que fez "penitência". Mas o texto inspirado do Evangelho só conhece a palavra "converteu-se" ou "transmentalizou-se". Ultrapassou a sua velha mentalidade ego e entrou na nova consciência do Eu.

O jovem, aparentemente, regressou para donde viera; na realidade, porém, esse regresso foi um *super-gresso*; o ponto da sua volta não coincidiu com o ponto da sua partida; não fechou simplesmente um círculo, abriu uma grande espiral, cujo termo de chegada está imensamente acima do termo de partida; o *regresso* superou o *egresso*, porque entre este e aquele acontece um *ingresso*. Entre a partida e a chegada houve uma gigantesca evolução — a jornada cósmica que vai da culpa através do sofrimento até a redenção.

Para celebrar esse grande acontecimento — a autocompreensão e auto-realização de um homem — o Evangelho recorre a tudo quanto possa simbolizar suprema alegria e solenidade: abraços, beijos, anel precioso, deslumbrante vestuário, lauto festim, músicas e bailados. É que a realização de um único homem é um fenômeno mais grandioso que todos os astros e galáxias do Universo. Deus creou todas as grandezas dos cosmos — mas um único homem plenamente realizado é um Universo de creatividade acima de todas as creaturidades...

Quando se estava celebrando essa grande harmonia, aparece uma aguda dissonância; o filho mais velho, que estagnara na sua evolução e continuara a marcar passo na inexperiência, revelou-se incapaz de compreender a linha ascensional evolutiva de seu irmão, que culminou em suprema verticalidade. Nem aceita a palavra "teu irmão", mas substitui-a por "teu filho". De fato, o jovem realizado não era mais "irmão" dele; não havia nenhuma afinidade espiritual entre eles; ele era apenas "teu filho", um filho de Deus, sem afinidade com outros filhos de Deus. O filho mais velho se queixa de nunca ter sido recompensado por sua obediência de muitos anos, ao passo que o outro, auto-realizado, nada sabe de recompensa, de espírito mercenário. Quem encontrou o seu verdadeiro *ser* nada mais sabe do ilusório *ter*. Quem realizou o seu ser só conhece amor, e nada sabe de recompensa.

O poema do filho pródigo marca o zênite da genialidade do Nazareno, quando considerado à luz do drama cósmico da auto-realização do homem e da evolução multimilenar da humanidade.

O filho mais velho representa um ser humano que, longe de atingir as alturas da *individualidade* do Eu divino, nem sequer despertara para a *personalidade* do seu ego humano. E quem não tem consciência do seu ego não é possuidor de nada, como os seres da natureza, que nada sabem de posse ou possessividade.

Por isso, diz muito bem o Pai, que simboliza Deus. "Tudo que é meu é teu". Tudo que é de Deus é também do mundo infra-humano — mineral, vegetal, animal —, mas esse mundo nada sabe de "meu". O infra-ego não possui nada, nem sequer um "cabrito". A consciência do "meu" é um corolário do pequeno "eu" personal, ou ego.

O filho mais novo havia chegado à ego-consciência personal

e a tinha superado, atingindo as alturas da Eu-consciência cósmica.

O hino místico *Exultet*, que se canta anualmente na véspera ou manhã da Páscoa, exclama: *O felix culpa! O vere necessarium Adae pacatum, quod talem et tantum meriust Redemptorem!* (Ó culpa feliz! Ó pecado de Adão realmente necessário, que tal e tão grande Redentor mereceste).

Poderá haver culpa feliz? Haverá pecado necessário?

Em face da teologia analítica, isso é blasfemo — mas à luz da visão da mística intuitiva, isso é sublime. Culpa e pecado simbolizam o estágio evolutivo do homem através do ego em demanda do Eu. A nossa humanidade da ego-personalidade já está no plano horizontal da "culpa feliz" e do "pecado necessário"; falta-lhe superar esse plano e atingir a plenitude vertical da sua redenção.

Após o subego, a *kundalini*, enrolada e dormente, acordará como ego rastejante no plano horizontal, "comendo do pó da terra" — no superego, ou Eu, *kundalini* se ergue à plenitude vertical da sua auto-realização.

A história do filho pródigo encerra uma metafísica de infinita profundidade e uma mística de inaudita sublimidade.

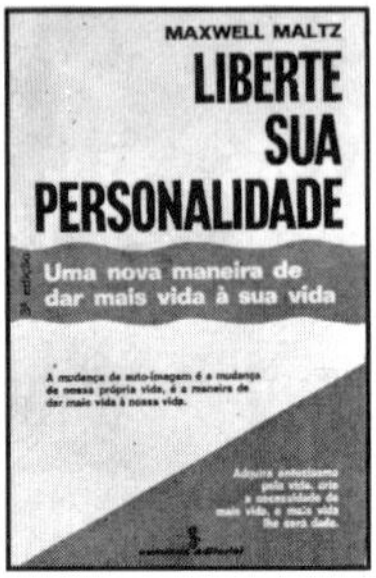

LIBERTE SUA
PERSONALIDADE
Maxwell Maltz
Formato 14 X 21
240 pág.
2ª edição
Summus Editorial
Tel.: (011) 872.3322
São Paulo
1983
(Ver pág. 131)

A Auto-imagem e o Sucesso

MAXWELL MALTZ

Sua chave para uma vida melhor

A mais importante descoberta psicológica deste século foi a da "auto-imagem". Quer saibamos disso, quer não, cada um de nós traz consigo uma imagem mental de si mesmo.

Ela pode ser vaga e de contornos mal definidos para o nosso olhar consciente. Na verdade, ela não pode sequer ser conscientemente perceptível. Ela porém ali está, completa até o último detalhe. Esta auto-imagem é a nossa própria concepção da "espécie de pessoa que eu sou". Ela foi construída de conformidade com as *convicções* que temos a respeito de nós mesmos. Mas essas convicções em sua maior parte se formaram inconscientemente, de acordo com nossas experiências, êxitos e fracassos passados, nossas humilhações, nossos triunfos, e a maneira como outras pessoas reagiram com relação a nós, mormente na primeira infância. De tudo isso, nós mentalmente construímos uma personalidade (ou a imagem de uma personalidade). Desde que uma idéia ou convicção que temos sobre nós mesmos entra nessa imagem, ela se torna "verdadeira". Jamais pomos em dúvida a validez dela, e passamos a agir, com relação a ela, *tal como se fosse verdadeira*.

Esta auto-imagem se torna uma chave dourada para uma vida melhor, graças a duas importantes verificações:

1. Todas as nossas ações, sentimentos, comportamento —

até nossas aptidões — são sempre coerentes com essa auto-imagem.

Em resumo, você "agirá como" a espécie de pessoa que julga ser. E não só isso, como também você, literalmente, não pode agir de outra maneira, apesar de todos os seus esforços conscientes ou de sua força de vontade. O homem que a si mesmo se julga "um indivíduo do tipo derrotado" sempre achará um jeito de fracassar, apesar de todas as suas boas intenções ou de sua força de vontade. O homem que se julga vítima de injustiça, alguém "cujo destino é sofrer", encontrará invariavelmente as circunstâncias que confirmarão suas opiniões.

A auto-imagem é uma "premissa", uma base, sobre a qual toda a nossa personalidade, nosso comportamento e até nossas situações são construídos. Em virtude disto, nossas experiências parecem corroborar e, portanto, robustecer nossas auto-imagens, e assim um círculo vicioso ou benéfico, conforme o caso, se estabelece. Por exemplo, um colegial que se considera mau aluno ou aluno "fraco em matemática" verificará que seu boletim confirma essa opinião. Ele tem então a "prova". A menina que faz de si mesma a imagem da criatura que ninguém aprecia descobrirá que realmente todos a evitam na escola ou até em casa. Ela literalmente convida à rejeição. Sua expressão acabrunhada, suas maneiras servis, sua exagerada vontade de agradar, ou talvez sua hostilidade inconsciente para com aqueles que, supõe, vão ofendê-la — tudo isso contribui para afastar as pessoas que em outras circunstâncias se sentiriam atraídas por ela.

É por causa dessa "prova" objetiva que só muito raramente ocorre a alguém que o mal está em sua auto-imagem ou na idéia que ele faz de si mesmo.

2. A auto-imagem pode ser modificada. Numerosos casos observados mostraram que nunca se é jovem ou velho demais para modificar-se a auto-imagem e, assim, começar uma vida nova.

Uma das razões por que achamos difícil mudar nossos hábitos, nossa personalidade ou nosso modo de vida é que até agora quase todos os nossos esforços para nos modificarmos foram dirigidos, por assim dizer, para a "periferia", em vez de para o centro de nós mesmos. Numerosos pacientes me disseram mais ou menos isto: "Se o Sr. está falando de 'pensamento positivo', eu já experimentei isso e comigo não deu certo". Todavia, esses indivíduos empregaram o "pensamento positivo", ou tentaram empregá-lo, seja sobre circunstâncias particulares externas, seja sobre determinados defeitos de hábito ou caráter. Mas nunca pensaram em mudar sua idéia do próprio eu, que era o que iria conseguir tais coisas.

Que é o sucesso?

Uma vez que empregamos em todo o decorrer deste livro as palavras "sucesso" e "bem-sucedido", acho que é importante dar desde já uma definição desses termos.

Em minha maneira de empregar essas palavras, "sucesso" ou "êxito" nada têm que ver com símbolos de prestígio. A bem dizer, nenhum homem deve pocurar ser "um sucesso", mas todo homem pode e deve procurar ser "bem-sucedido". Quem procura ser "um sucesso", no sentido de adquirir símbolos de prestígio e usar certos rótulos, está fadado a ser presa de neuroticismo, frustração e infelicidade. Mas procurar ser "bem-sucedido" traz não apenas êxito material, como também satisfação, preenchimento e felicidade.

Noah Webster define sucesso como sendo "a colimação satisfatória do objetivo procurado". A luta criadora em busca de um objetivo que é importante para *você*, como resultado de suas necessidades, aspirações e aptidões fundamente sentidas (e não os símbolos que os "outros" esperam que você exiba), traz felicidade ao mesmo tempo que sucesso, porque você está então agindo como deve realmente agir. O homem é por natureza um ser "perseguidor de objetivos". E por ser "feito dessa maneira" ele não é feliz se não agir como a providência destinou que ele agisse — lutar por objetivos. Assim, o verdadeiro sucesso e a verdadeira felicidade não apenas caminham juntos, como um aumenta a outra.

A auto-imagem — o verdadeiro segredo

A descoberta da auto-imagem explica todas as aparentes incongruências a que nos referimos. É o denominador comum, o *fator determinante*, em todos os casos que observamos — tanto os fracassos como os êxitos.

O segredo é este: para de fato "viver", isto é, achar a vida razoavelmente satisfatória, você precisa ter uma auto-imagem adequada e realista, uma auto-imagem com a qual possa conviver. Precisa achar o seu "eu" aceitável para "você". Precisa ter uma salutar auto-imagem. Precisa ter um "eu" que você não se envergonhe de "ser", um "eu" que você se sinta livre para expressar criadoramente, em lugar de escondê-lo ou acobertá-lo. Precisa conhecer a si mesmo — tanto seus pontos fortes como suas fraquezas, e ser honesto consigo mesmo com respeito a ambos. Sua auto-imagem deve, tanto quanto possível, corresponder ao que você realmente é, nem mais nem menos.

Quando essa auto-imagem está intacta e segura, você se sente "bem". Quando ela é ameaçada, você fica ansioso e inseguro. Quando ela é adequada, e dela você pode sentir um salutar orgulho, você se acha autoconfiante, se sente livre para "ser você mesmo" e expressar-se a si mesmo. Em suma: você está vivendo nas suas melhores condições possíveis. Quando ela é motivo de vergonha, você procura ocultá-la em vez de exprimi-la. A expressão criadora é bloqueada. Você se torna uma criatura hostil e de difícil convivência.

Se uma cicatriz no rosto favorece a auto-imagem (como no caso dos duelistas alemães), crescem o amor-próprio e a autoconfiança. Se ela prejudica a auto-imagem (como no caso do vendedor), a conseqüência é perda do amor-próprio e da autoconfiança.

Quando a operação plástica corrige o defeito facial observam-se impressionantes mudanças psicológicas *apenas* se houver uma correspondente correção da auto-imagem mutilada. Às vezes a imagem da personalidade desfigurada persiste mesmo depois de uma intervenção plástica bem-sucedida, quase como no caso do "membro fantasma" que continua a sentir dores anos depois que o braço ou perna físicos foram amputados.

Seu programa para uma vida melhor

Em minha opinião, a psicologia nos últimos trinta anos se tornou demasiadamente pessimista no tocante ao homem e às possibilidades que ele tem, tanto para modificar-se como para elevar-se. Pelo fato de os psicólogos e psiquiatras tratarem de indivíduos chamados "anormais", a literatura foi quase toda dedicada às várias anormalidades do homem e sua tendência para a autodestruição. Suponho que muitas pessoas leram tanta coisa a respeito dessas anomalias que passaram a encarar os sentimentos como o ódio, o "instinto de destruição", a culpa, a autocondenação e todos os demais sentimentos negativos como "comportamento humano normal". Se esse fosse o verdadeiro quadro da natureza humana e da condição humana, o "auto-aperfeiçoamento" seria com efeito coisa bem fútil.

Acredito, porém — e as experiências de meus numerosos pacientes confirmaram — que não precisamos fazer esse trabalho sozinhos. Há em todos nós um "instinto de vida" que trabalha ininterruptamente no sentido da saúde, da felicidade e de tudo que significa *mais vida* para o indivíduo. Esse "instinto de vida" trabalha *para você*, por meio daquilo que eu chamo de Mecanismo Criador ou, quando corretamente usado, "Mecanismo de Sucesso", o qual é parte integrante de cada ser humano.

Novas incursões da ciência na "mente subconsciente"

A nova ciência da Cibernética nos deu provas incontestáveis de que a denominada "mente subconsciente" não é, de maneira nenhuma, uma "mente", mas um mecanismo — um "servomecanismo" perseguidor de objetivos, o qual consiste do cérebro e do sistema nervoso, e é *usado* e *dirigido* pela mente. O conceito mais recente e prático é que o homem não possui duas "mentes", mas apenas uma — a consciência —, que "opera" um mecanismo automático de "busca de objetivos". Este funciona de maneira muito semelhante à dos servo-mecanismos eletrônicos, pelo menos no que concerne aos seus princípios básicos, mas é muito mais maravilhoso e complexo do que qualquer cérebro eletrônico ou foguete teleguiado jamais concebido pelo homem.

Esse Mecanismo Criador que há em nós é impessoal. Ele trabalhará automaticamente e de modo impessoal para atingir objetivos de sucesso e felicidade, ou de infelicidade e fracasso, dependendo dos objetivos que para ele estabelecemos. Se o alimentarmos com "objetivos de êxito", ele funcionará como um "Mecanismo de "êxito". Se lhe fornecermos objetivos negativos, ele, com a mesma impessoalidade e fidelidade, funcionará como um "Mecanismo de Fracasso".

Como qualquer outro servomecanismo, o nosso Mecanismo Criador trabalha com dados que lhe fornecemos (nossos pensamentos, convicções, interpretações). Através de nossas atitudes e das interpretações que damos às situações, "descrevemos" o problema a ser resolvido. Se alimentarmos nosso Mecanismo Criador com informações e dados no sentido de que somos indignos, inferiores, desprezíveis, incapazes (uma auto-imagem negativa), esses dados são manipulados e utilizados como quaisquer outros dados, e recebemos a "solução" sob a forma de experiência objetiva.

Como qualquer outro servomecanismo, nosso Mecanismo Criador utiliza informações acumuladas, ou "memórias", para resolver problemas em curso ou reagir a situações do momento. Nosso programa para viver mais intensamente consiste antes de tudo em aprender alguma coisa a respeito deste Mecanismo Criador, ou sistema de orientação automática que há dentro de nós, e de que forma utilizá-lo como um Mecanismo de Êxito, em vez de um Mecanismo de Fracasso.

O método propriamente dito consiste em aprender, praticar e

experimentar, novos hábitos de pensamento, imaginação, lembrança e ação, de modo a (1) adquirir uma Auto-Imagem adequada e realista, e (2) usar seu Mecanismo Criador para trazer sucesso e felicidade na colimação de determinados objetivos.

Digo freqüentemente aos que me consultam: "Se você pode lembrar-se e, preocupar-se ou amarrar seus sapatos, não encontrará dificuldades na aplicação deste método". As coisas que pedimos que o leitor faça são simples, mas é preciso praticar e "experimentar". A visualização — formação de imagens mentais construtivas — não é coisa mais difícil do que aquilo que você faz quando se recorda de alguma cena do passado ou se preocupa com o futuro. Formar novos padrões através da ação não é mais difícil do que amarrar "deliberadamente" o cordão dos sapatos, depois executar esse ato de maneira nova e diferente cada manhã, em vez de continuar a fazê-lo da velha maneira habitual, distraidamente, sem pensamento ou deliberação.

Descobrindo o Mecanismo de Êxito Que Há em Você

Por estranho que pareça, até dez anos passados os cientistas não tinham idéia exata de como o cérebro e o sistema nervoso humanos trabalhavam "deliberadamente" para atingir algum objetivo. Após longas e meticulosas observações eles sabiam o *que* acontecia. Mas não havia uma só teoria a respeito dos princípios que englobavam todos esses fenômenos numa concepção que fizesse sentido. R. W. Gerard, escrevendo na revista *Scientific Monthly* em junho de 1946, a respeito do cérebro e da imaginação, afirmou que infelizmente quase tudo o que conhecemos sobre a mente humana permaneceria tão válido e útil como se, até onde nos fosse dado saber, o crânio estivesse recheado de chumaços de algodão.

Entretanto, quando o homem se propôs a fazer um "cérebro eletrônico" e a construir mecanismos destinados a alcançar determinados objetivos, ele *precisou* descobrir e utilizar certos princípios básicos. Tendo descoberto tais princípios, os cientistas começaram a cismar: será que o cérebro humano funciona assim também? Será que o Criador, ao criar o Homem, nos dotou de um servomecanismo superior a qualquer cérebro eletrônico ou qualquer sistema de orientação jamais sonhado pelo homem, *mas que opera segundo os mesmos princípios?*

Na opinião de famosos cientistas especializados em Cibernética, como o Dr. Norbert Wiener, o Dr. John von Newmann e outros, a resposta é decididamente afirmativa.

Nosso sistema de orientação embutido

Todo ser vivo nasce com um sistema de orientação ou dispositivo perseguidor de objetivos, com que o Criador o dotou para ajudá-lo a alcançar seus objetivos — o que em termos gerais significa "viver". Nas formas de vida mais rudimentares o objetivo "viver" significa simplesmente sobrevivência física tanto para o indivíduo como para a espécie. O mecanismo embutido nos animais se limita a encontrar alimento e abrigo, evitar ou vencer inimigos e imprevistos, e procriar para garantir a perpetuação das espécies.

No homem, o objetivo "viver" representa mais do que mera sobrevivência. O homem tem necessidades emocionais e espirituais que os animais não têm. O "Mecanismo de "êxito" embutido que há no homem é também de escopo muito mais amplo que o do animal. Além de ajudá-lo a evitar ou vencer perigos, auxilia-o a encontrar a solução de problemas, inventar, escrever poesias, dirigir negócios, vender mercadorias, explorar novos horizontes na ciência, alcançar mais paz de espírito, adquirir melhor personalidade, ou obter sucesso em qualquer outra atividade que esteja intimamente ligada à sua existência ou contribua para uma vida mais plena.

O "instinto" do êxito

O esquilo não precisa que lhe ensinem a apanhar nozes. Nem precisa aprender que deve armazená-las para o inverno. Um esquilo que nasceu na primavera jamais experimentou o inverno. No entanto, no outono podemos vê-lo a armazenar diligentemente nozes para consumir nos meses frios, quando não tem onde buscar alimento. Um passarinho não precisa tomar lições para construir seu ninho. Nem fazer cursos de navegação. No entanto, há aves que viajam milhares de quilômetros, às vezes sobre alto-mar. Elas não têm jornais ou televisão que lhes dêem boletins de tempo, nem livros escritos por exploradores, nem aves pioneiras que tenham feito levantamentos das áreas quentes do globo. Não obstante, "sabem" quando o frio está iminente e conhecem a localização exata dos climas amenos, mesmo que estes se encontrem a milhares de quilômetros.

Ao tentarmos explicar esses fenômenos, dizemos em geral que os animais têm certos "instintos" que os orientam. Se analisarmos esses instintos, verificaremos que eles ajudam o animal a adaptar-se ao ambiente que o cerca. Em suma, os animais têm um "instinto de sucesso".

Muitas vezes não atentamos para o fato de que o homem também tem um instinto de sucesso, e muito mais maravilhoso e complexo que o de qualquer irracional. O Criador não defraudou o homem, que foi a esse respeito muito bem aquinhoado. Os animais não podem escolher os seus objetivos. Estes (autopreservação e procriação) são por assim dizer predeterminados. E seu mecanismo de êxito limita-se a essas imagens-de-objetivos inerentes, a que chamamos "instintos".

O homem, por outro lado, tem algo que os animais não têm — Imaginação Criadora. Assim, o homem, entre as demais criaturas, é mais do que uma criatura: é também um criador. Com sua imaginação, ele pode formular uma grande variedade de objetivos. Só o homem pode dirigir seu Mecanismo de Êxito pelo uso da imaginação, isto é, da habilidade de criar imagens.

Muitas vezes pensamos que a "Imaginação Criadora" é privilégio de poetas, inventores, etc. Mas a imaginação é criadora em tudo quanto fazemos. "É a imaginação que rege o mundo", disse Napoleão. "De todos os atributos do homem, a imaginação é o mais sublime", disse Glenn Clark. "A imaginação é a mola mestra da atividade humana, e a principal fonte de aperfeiçoamento do homem... Destruamos essa faculdade, e a condição humana estacionará como a dos brutos", disse Dugold Stewart, o famoso filósofo escocês. "Você pode imaginar seu futuro", diz Henry J. Kaiser, que atribui muito de seu êxito nos negócios ao uso construtivo e positivo que tem feito da imaginação criadora.

Como funciona seu Mecanismo de "Êxito"

"Você" não é uma máquina. Mas recentes descobertas da ciência da Cibernética levaram à conclusão de que o seu cérebro e sistema nervoso constituem um servomecanismo que "você" usa e que opera de maneira análoga à de um computador eletrônico e um dispositivo de busca de objetivos. Seu cérebro e seu sistema nervoso constituem um mecanismo perseguidor de objetivos, que opera automaticamente para atingir determinados alvos, quase como um torpedo autodirigido ou um projétil interceptador. Seu servomecanismo embutido funciona tanto como um "sistema de orientação" para guiá-lo automaticamente na direção certa, com o fim de atingir determinados objetivos, ou fazê-lo reagir de maneira correta às imposições do ambiente, quanto como "cérebro eletrônico" que pode funcionar automaticamente para resolver problemas, dar a você as necessárias respostas e fornecer novas idéias ou "inspirações". Em seu livro *O Computador e o Cérebro*, o Dr. John von Newmann afirma que o cérebro humano possui tanto os atributos do computador análogo como do computador digital. A palavra "Cibernética" vem de um vocábulo grego que significa literalmente "timoneiro".

"Psicocibernética" — nova concepção sobre o funcionamento do cérebro

Quando pensamos no cérebro e no sistema nervoso do homem como sendo uma forma de servomecanismo, que opera de acordo com os princípios da Cibernética, compreendemos melhor as causas do comportamento humano. Resolvi dar a esse novo conceito o nome de "Psicocibernética": princípios da Cibernética quando aplicados ao cérebro humano.

A Psicocibernética, repetimos, não afirma que o homem é uma máquina, mas que o homem tem uma máquina, a qual ele usa. Examinemos algumas semelhanças que há entre os servomecanismos mecânicos e o cérebro humano:

Os dois tipos gerais de servomecanismo

Os servomecanismos se dividem em dois tipos gerais: (1) quando o alvo, o objetivo ou a "resposta" *são conhecidos*, e a finalidade é alcançá-los ou realizá-los; (2) quando o alvo ou a "resposta" *não são conhecidos* e a finalidade é encontrá-los. O cérebro e o sistema nervoso humanos operam das duas maneiras.

Um exemplo do primeiro tipo é o torpedo autodirigido ou o projétil interceptador. O alvo ou objetivo é conhecido — um avião ou navio inimigo; a finalidade é alcançá-lo. Esses aparelhos precisam "conhecer" o alvo para o qual se dirigem. Precisam ter um sistema de propulsão que os impulsione para a frente, na direção geral do alvo. E precisam ser equipados com "órgãos sensoriais" (radar, sonar, detetores térmicos, etc.) que lhes tragam informações partidas do alvo e os mantenham informados quando se encontram no caminho certo (informação positiva) ou quando cometem algum erro e saem da rota (informação negativa). O projétil não reage à informação positiva: ele já está no caminho certo e "apenas continua a fazer o que está fazendo". Mas é preciso haver um dispositivo de correção capaz de reagir às informações negativas. Quando o torpedo é informado de que está "fora da rota", digamos muito para a direita, seu dispositivo de correção aciona automaticamente o leme e ele vira para a esquerda. Se a correção foi exagerada e ele virou para a esquerda mais do que o necessário, o erro lhe é comunicado, o dispositivo de correção aciona o leme e ele vira de novo para a direita. O torpedo atinge o alvo *indo para a frente, cometendo erros* e corrigindo-os continuamente. Através de ziguezagues, vai literalmente "tateando" seu caminho, até atingir o objetivo.

O Dr. Norbert Wiener, um dos pioneiros na criação dos mecanismos para detetar alvos durante a Segunda Guerra Mundial, é de opinião que coisas muito parecidas ocorrem no sistema nervoso humano, sempre que executamos alguma atividade deliberada — até mesmo uma "busca de objetivo" tão simples como é apanhar um maço de cigarros que está sobre a mesa. Atingimos o objetivo por meio de um mecanismo automático, e não apenas pela "vontade" e raciocínio do prosencéfalo. Este limita-se a escolher o objetivo, "engatilhá-lo" para a ação através do desejo, e fornecer informações ao mecanismo automático, que corrige continuamente os movimentos da mão.

Em primeiro lugar diz o Dr. Wiener, só um anatomista conheceria todos os músculos necessários para apanhar os cigarros. E o leitor, ainda que os conhecesse, não iria dizer a si mesmo: "Preciso contrair os músculos do ombro para levantar o braço, agora preciso flexionar os tríceps para estender a mão, etc." Você simplesmente apanha os cigarros, sem ter consciência da transmissão de ordens a cada músculo nem do cálculo das contrações necessárias.

Quando "Você" escolhe o objetivo e resolve entrar em ação, o mecanismo automático assume o comando. Você, anteriormente, já apanhou cigarros ou executou movimentos semelhantes: seu mecanismo automático "aprendeu" a reação correta. Ele usa as informações fornecidas ao cérebro pelos olhos. Esses dados habilitam o mecanismo automático a corrigir continuamente os movimentos da mão, até ela atingir o maço de cigarros.

Numa criança que começa a aprender o uso dos músculos, a retificação da mão que se estende para um chocalho é bastante evidente. Sua mãozinha move-se em ziguezagues, para diante e para trás, à medida que vai tateando. Mas é típico de todo processo de aprendizagem que a retificação dos gestos se torna cada vez mais perfeita.

Vemos isto no aprendiz de motorista: ele "corrige-se demais" e vai ziguezagueando pela rua.

Desde, porém, que se conseguiu uma "reação correta", esta é "lembrada" para uso futuro. O mecanismo automático reproduz, então, essa reação bem-sucedida em futuras situações. Ele "aprendeu" a reagir com êxito. Ele "se lembra" de seus sucessos, esquece seus fracassos, e repete a ação bem-sucedida sem mais pensamento consciente algum — isto é, por simples hábito.

De que modo seu cérebro encontra a solução de problemas

Suponhamos agora que a sala está escura e você não enxerga os cigarros. Você sabe que há, ou espera que haja, um maço de cigarros sobre a mesa, juntamente com diversos outros objetos. Instintivamente, sua mão começará a "tatear" para a frente e para trás, executando movimentos em ziguezague (ou "explorando"), rejeitando um objeto após outro, até que o maço de cigarros é encontrado e "reconhecido". Esse é um exemplo do segundo tipo de servomecanismo. Procurar lembrar-se de um nome momentaneamente esquecido é outro exemplo. Há em nosso cérebro um "Explorador", que busca em nossas memórias armazenadas até "reconhecer" o nome correto. O cérebro eletrônico resolve problemas de maneira muito semelhante. Antes de tudo, uma grande quantidade de dados deve ser fornecida à máquina. Essas informações armazenadas, ou registradas, constituem a "memória" da máquina. Propõe-se a esta um problema. Ela rebusca em sua memória até localizar a única "resposta" coerente e que satisfaz a todas as condições do problema. O problema e a resposta, juntos, constituem uma situação ou estrutura "global". Quando uma parte da situação ou estrutura (o problema) é dada à máquina, esta localiza as únicas "partes ausentes", ou os tijolos do tamanho certo, por assim dizer, para completar a estrutura.

Quanto mais aprendemos sobre o cérebro humano, mais intimamente vemos que se assemelha — no tocante à sua função — a um servomecanismo. Por exemplo, o Dr. Wilder Penfield, diretor do Instituto Neurológico de Montreal, anunciou recentemente num congresso realizado na Academia Nacional de Ciências que descobrira numa pequena área do cérebro um mecanismo gravador que, ao que tudo indica, grava fielmente tudo quanto a pessoa experimentou, observou ou aprendeu. Durante uma operação do cérebro em que a paciente estava perfeitamente desperta, o Dr. Penfield tocou com um instrumento cirúrgico numa pequena seção do córtex. No mesmo instante a paciente exclamou que estava "revivendo" um incidente da infância, que havia esquecido. Outras experiências nesse sentido demonstram iguais resultados. Quando se tocava em certas áreas do córtex, os pacientes não apenas se "lembravam" de experiências passadas como também as "reviviam", experimentando como se fossem reais todas as vistas, sons e sensações da experiência original. Era como se as experiências vividas tivessem sido registradas num gravador de fita e depois reproduzidas. Como um mecanismo tão pequeno quanto o cérebro humano pode reter tal quantidade de informações é ainda um mistério.

O neurofísico inglês W. Grey Walter afirmou que seriam necessárias pelo menos dez bilhões de células eletrônicas para se construir um fac-símile do cérebro humano. Tais células ocupariam cerca de 50 mil metros cúbicos, e mais algumas centenas de milhares de metros cúbicos seriam necessários para os "nervos" ou a instalação de fios. A força para acioná-lo seria da ordem de 1 bilhão de watts.

Examinando o mecanismo automático em ação

Nós nos maravilhamos ante os projéteis interceptadores capazes de calcular numa fração de segundo o ponto de interceptação de outro projétil e "estar lá" no instante exato para fazer o contato. No entanto, não estamos continuamente testemunhando coisa igualmente maravilhosa cada vez que vemos um jogador agarrar a bola no ar? Para calcular onde a bola cairá, ou qual será o "ponto de interceptação", ele precisa levar em conta a velocidade da bola, a curvatura de sua queda, sua direção, a força do vento, a velocidade inicial da bola e o coeficiente da diminuição progressiva da velocidade. Precisa fazer esses cálculos depressa. Em seguida, precisa calcular exatamente a velocidade com que poderá correr, e em que direção, para chegar ao ponto de interceptação ao mesmo tempo que a bola. O jogador nem sequer pensa a esse respeito. Sua máquina automática de busca de objetivos se encarrega dos cálculos, utilizando dados que ele fornece a ela através dos olhos e ouvidos. O computador que há no cérebro dele recebe esses dados, compara-os com os dados armazenados (memórias de outros êxitos e fracassos em apanhar bolas no ar). Os cálculos necessários são feitos num átimo, enviam-se ordens aos músculos da perna — e o jogador se limita, simplesmente, a "correr".

A ciência pode construir o computador, mas não o operador

Afirma o Dr. Wiener que, até onde nos é possível prever, os cientistas jamais poderão construir um cérebro eletrônico que mesmo de longe se compare ao nosso cérebro. "O número de dispositivos computadores que há no cérebro humano excede em muito o de qualquer computador que se fez até hoje ou que se cogita de fazer no futuro".

Mas mesmo que tal máquina fosse construída, ela careceria do "operador". O computador não dispõe de um prosencéfalo, nem de um "eu". Ele não pode formular seus próprios problemas. Não tem imaginação e não pode estabelecer seus próprios objetivos. Não pode determinar quais objetivos valem e quais não valem a pena. Não tem emoções. Não "sente".

Haverá um armazém de idéias, conhecimento e poder?

Muitos dos grandes pensadores de todas as épocas acreditavam que as "informações armazenadas" do homem não se limitam às suas próprias memórias de experiências passadas e de fatos aprendidos. "Existe uma mente comum a todos os homens", disse Emerson, que comparou nossas mentes individuais a braços de mar do oceano que é a mente universal.

Edison acreditava que muitas de suas idéias lhe vinham de fora dele mesmo. Certa vez, quando o elogiaram por uma invenção, rejeitou o elogio, dizendo que "as idéias estão no ar" e que, se ele não a tivesse feito, algum outro certamente o teria.

O Dr. J. B. Rhine, chefe do Laboratório de Parapsicologia da Duke University, demonstrou experimentalmente que o homem tem acesso a conhecimentos, fatos e idéias que nada têm a ver com a sua memória individual ou com as informações armazenadas que ele obteve através de aprendizado ou experiência. A telepatia, a clarividência, a premonição foram demonstradas com experiências científicas feitas em laboratório. A descoberta do Dr. Rhine de que o homem possui algum "fator extra-sensorial", que ele chama de "Psi", já não é mais posta em dúvida por cientistas que compulsaram seriamente os seus trabalhos. Afirma o prof. R. H. Thouless, da Universidade de Cambridge: "A veracidade desses fenômenos foi demonstrada de maneira tão insofismável como qualquer outra pesquisa científica."

"Descobrimos, diz o Dr. Rhine, que há uma capacidade para adquirir conhecimentos que transcende as nossas funções sensoriais. Essa capacidade extra-sensorial pode certamente dar-nos o conhecimento de estados objetivos e possivelmente de estados subjetivos, o conhecimento das coisas materiais e, com toda probabilidade, das mentes de outros indivíduos."

Conta-se que Schubert, o grande compositor austríaco, confessou a um amigo que seus processos criadores consistiam em "recordar-se de uma melodia" na qual nem ele nem ninguém havia pensado antes.

Muitos artistas, bem como psicólogos que estudaram os processos criadores, ficaram impressionados com a semelhança que há entre inspirações criadoras, súbitas revelações, intuições, etc. e a memória humana comum. Procurar uma nova idéia, ou a solução de um problema, é com efeito muito semelhante a procurar na memória um nome que tenhamos esquecido. Sabemos que o nome está "lá", pois do contrário não o procuraríamos. O explorador que há em nosso cérebro rebusca entre as memórias armazenadas até "descobrir" ou "reconhecer" o nome desejado.

A resposta existe agora

De maneira análoga, quando queremos descobrir uma nova idéia ou a solução de um problema, *devemos ter como certo que a resposta já existe— em algum lugar*, e então lançarmo-nos à sua procura. Disse o Dr. Norbert Wiener: "Quando um cientista ataca um problema que sabe que pode ser resolvido, toda sua atitude muda. Ele já está a meio caminho da solução."

Quando nos propomos a realizar um trabalho criador — vender um produto, dirigir um negócio, escrever um soneto, melhorar as relações humanas, ou seja lá o que for — começamos com um alvo em mente, um objetivo a ser alcançado, uma meta que, embora possa estar ainda mal definida, será "reconhecida" quando a atingirmos. Se realmente quisermos atingir o objetivo, se tivermos um desejo intenso, e começarmos a meditar intensamente sobre todos os ângulos do problema, nosso mecanismo criador entra em ação — e o "explorador" de que antes falamos começa a procurar entre as informações armazenadas, ou "tatear" em busca da solução. Escolhe uma idéia aqui, um fato acolá, uma série de experiências anteriores, e põe uma em relação com a outra — ou "enfeixa-as" num todo expressivo que "preencherá" a porção incompleta de nossa situação, completará nossa equação ou "resolverá" o nosso problema. Quando essa solução se apresenta à nossa consciência — muitas vezes num momento inesperado, em que estamos com o pensamento em outra coisa qualquer — ou sob a forma de um sonho, enquanto nosso consciente dorme — algo "estala" e nós imediatamente "reconhecemos" a solução que procuramos.

Nesse processo, dar-se-á o caso que nosso mecanismo criador tem acesso também às informações armazenadas na mente universal? Numerosos casos passados com pessoas de espírito eminentemente criador parecem indicar que sim. De que outra maneira, por exemplo, se explicaria a experiência de Louis Agassiz, relatada por sua esposa?

"Meu marido estivera tentando decifrar a impressão um tanto apagada de um peixe fóssil na laje de pedra em que estava preservado. Afinal, cansado e aturdido, pôs o trabalho de lado e procurou afastá-lo da idéia. Tempos depois, acordou uma noite persuadido de que enquanto dormia vira o peixe perfeitamente restaurado, com todas as partes que faltavam.

"Foi logo de manhãzinha para o Jardin des Plantes, na suposição de que examinando mais uma vez o fóssil veria alguma coisa que o poria no caminho da visão tida no sonho. Inutilmente; a impressão indistinta do fóssil nada lhe dizia de novo. Na noite seguinte viu novamente o peixe, mas quando despertou, este desapareceu de sua memória, como da outra vez. Esperando que a experiência se repetisse, na terceira noite pôs lápis e papel no criado-mudo antes de ir para a cama.

"Já quase amanhecia quando o peixe reapareceu em sonho, primeiro confuso, mas depois com tal nitidez que ele não mais teve dúvidas sobre seus caracteres zoológicos. Ainda meio sonhando, e na mais absoluta escuridão, traçou esses caracteres na folha de papel ao lado da cama.

"De manhã ficou surpreendido ao ver em seu esboço noturno características que julgava impossível estarem presentes no fóssil. Foi depressa para o Jardin des Plantes e, orientado pelo desenho, escavou com o buril a superfície da pedra, sob a qual certas porções do peixe estavam de fato ocultas. O fóssil, quando totalmente exposto, demonstrou estar inteiramente de acordo com seu sonho e seu desenho, e meu marido conseguiu classificá-lo sem dificuldade."

Obtenha uma nova imagem mental de si mesmo

Pratique o Exercício nº 1

A personalidade infeliz, tipo fracasso, não pode adquirir uma nova auto-imagem simplesmente pela força de vontade, ou então através de uma decisão arbitrária nesse sentido. É necessário haver algum fundamento, alguma justificativa, para achar que o velho retrato do "eu" está errado e que um novo retrato se torna necessário. Você não pode meramente imaginar uma nova auto-imagem se não sentir que ela se fundamenta na *verdade*. A experiência demonstra que o indivíduo quando modifica sua auto-imagem tem a sensação de que, por uma ou outra razão, "vê" ou compreende a verdade a respeito de si mesmo. A verdade que há neste capítulo pode libertá-lo de uma velha e inadequada auto-imagem, se você o ler com freqüência, pensar intensamente em tudo o que ele significa, e martelar para si mesmo as verdades que ele contém. A ciência acaba de confirmar o que filósofos, místicos e outras pessoas intuitivas declararam há muito tempo: todos os seres humanos foram "criados para vencer". Todo ser humano tem acesso a um poder mais alto que ele mesmo.

Emerson disse: "Não há grandes nem pequenos." Se você foi criado para ser feliz e bem-sucedido, então o velho retrato que faz de si mesmo como sendo indigno de felicidade, alguém que foi destinado à derrota, deve estar errado. Leia este capítulo, do começo ao fim, pelo menos três vezes por semana nos primeiros 21 dias. Estude-o e assimile-o. Procure em suas próprias experiências e em experiências de seus amigos exemplos que ilustrem o mecanismo criador em ação.

Retenha na memória os princípios básicos que damos a seguir, os quais regem o funcionamento do seu mecanismo de êxito. Você não precisa ser engenheiro eletrônico, ou físico, para operar seu próprio servomecanismo, do mesmo modo que não precisa fazer automóveis para dirigir seu carro, nem se tornar engenheiro eletrônico para acender a luz de seu quarto. Você precisa, porém, estar familiarizado com os pontos abaixo, porque tendo-os decorado eles projetarão "nova luz" no que se seguirá depois:

1. Seu mecanismo de sucesso, que lhe é inerente, deve ter um objetivo ou alvo. Você deve pensar nesse objetivo ou alvo como sendo "já existente — agora", seja em forma real, seja potencialmente. Ele opera quer (1) orientando-nos para um objetivo já existente, quer (2) "descobrindo" alguma coisa já existente.

2. O mecanismo automático é teleológico, quer dizer: opera, ou deve ser orientado, por objetivos. Não fique desanimado se "os meios pelos quais ele operará" não forem aparentes. É função do mecanismo automático prover esses meios, desde que você forneça o objetivo. Pense na finalidade, e os meios quase sempre cuidarão de si mesmos.

3. Não tenha medo de cometer erros, ou de fracassos temporários. Todos os servomecanismos atingem um objetivo através

da "retroação" negativa, isto é, indo para a frente, cometendo erros e imediatamente retificando sua rota.

4. O aprendizado de uma habilidade, seja ela qual for, faz-se pelo método das tentativas, até conseguir-se um movimento ou realização bem-sucedida. *Depois disso*, o aprendizado ulterior e o sucesso contínuo conseguem-se *esquecendo os erros passados e recordando as reações bem-sucedidas*, de forma que estas possam ser "imitadas".

5. Aprenda a confiar em que seu mecanismo criador fará o papel dele; você não deve perturbá-lo através de uma preocupação exagerada, ficando ansioso se ele irá ou não funcionar, ou tentando forçá-lo por meio de um esforço consciente exagerado. "Deixe-o" trabalhar, em lugar de "forçá-lo" a trabalhar. Essa confiança é necessária, porque seu mecanismo criador opera abaixo do nível da consciência, e você jamais poderá "saber" o que se passa nessa área. Além disso, é da natureza dele operar *espontaneamente*, conforme *as necessidades do momento*. Por conseguinte, você não tem garantias de antemão. Ele inicia o trabalho à proporção que você age e que, através de suas ações, faz uma exigência a ele. Não espere ter uma prova, para começar a agir. Aja confiante em que ele, o seu mecanismo de êxito, fará o resto. "Faça a coisa e encontrará o poder de fazê-la", disse Emerson.

Instituto Reinaldo Polito

Este capítulo não poderia terminar sem contar a história ou case *de um homem bem-sucedido.*

Elegemos a "experiência" do empreendedor paulista Reinaldo Polito para ilustrar e ser modelo de sucesso e poder.

É axiomático que não pode haver poder e sucesso sem comunicação eficaz. Aquele que tem pouca habilidade de comunicar-se tem pouca chance de atingir sucesso e poder. Aliás, sucesso e poder começam com a habilidade de comunicarmos eficientemente nossas idéias a uma ou a milhares de pessoas.

Um curso de oratória e comunicação verbal de qualidade e eficácia comprovada deve fazer parte de nossa estratégia para a conquista do sucesso e da realização pessoal. A história do Instituto Reinaldo Polito comprova, na prática e na teoria, essa nossa afirmação.

O Instituto Reinaldo Polito S/C Ltda. ((011) 578-3011 / 581-0544) é muito conhecido por realizar cursos de oratória e comunicação verbal de qualidade e eficácia comprovada. A sua história ilustra bem como uma pessoa pode se desenvolver profissionalmente, arriscando e trabalhando muito sobre um assunto de seu particular interesse e, conseqüentemente, constituindo uma empresa verdadeiramente nos moldes da *one man corporation*, com grande sucesso e realização pessoal.

A origem da idéia

Reinaldo Polito nasceu e morou em Araraquara (interior do Estado de São Paulo) até a idade de 20 anos, quando se transferiu para São Paulo.

Desde cedo, começou a trabalhar, exercendo o cargo de vendedor em uma distribuidora de livros na sua cidade natal. Nesta empresa foi progressivamente promovido, até chegar a supervisor e instrutor dos vendedores, quando percebeu sua facilidade e prazer para falar e ensinar.

Em 1974, Polito formou-se em Administração e em Economia, indo trabalhar no setor bancário, e, posteriormente, instalando-se em São Paulo. Fez carreira na área e foi, paralelamente, exercendo a função de professor de oratória.

Desta maneira, Polito começou a exercer esta atividade de ensino ao ministrar cursos na Associação Comercial de São Bernardo do Campo (SP). Nesta época seus programas eram voltados a vendedores, com a intenção de transmitir algumas regras e técnicas que os ajudassem a melhor se expressar.

O sucesso foi tão grande que lhe permitiu oferecer outros cursos em diversas empresas.

Já em 1975, Polito estagiou como professor no Instituto Melantonio, famoso pela sua tradição no ensino da oratória, lá trabalhando por sete anos, período no qual foi aprimorando sua didática e conhecimentos.

Neste ambiente, ele foi percebendo que os cursos de oratória oferecidos não eram dirigidos a nenhum segmento específico de mercado, sendo, geralmente, amplos e abrangentes demais, não atendendo às necessidades de uma certa camada de profissionais que precisariam da oratória e da boa comunicação verbal para o desempenho diário de suas atividades profissionais. Este público foi então sendo definido como de executivos, profissionais liberais e empresários que, normalmente, são pessoas que participam de reuniões, falam muito em público e têm vida social intensa.

Ao definir seu público-alvo, Polito começou a direcionar sua abordagem no sentido de colocar o bom produto que julgava ter em tendo em vista as necessidades dos seus clientes. Com o tempo, a demanda por suas aulas de oratória aumentou em ritmo acelerado, fazendo com que passasse a dar cursos extras em várias empresas e outros grupos fechados. Nesse período, o empreendedor trabalhava intensamente: durante o dia tinha seu emprego no banco, lecionava todas as noites e aos sábados pela manhã, além dos cursos fechados para empresas durante o dia. Para tal contava com a flexibilidade de horário que o banco lhe permitia, em virtude de ter um cargo de alto nível. Na realidade, para dispor do horário diurno, Polito geralmente tomava alguns dias que seriam posteriormente descontados de suas férias. Deste modo, aliado ao ritmo frenético de trabalho, ele conta que passou vários anos praticamente sem férias.

Além disso, vale acrescentar que os seus fins de semana eram utilizados para escrever seu livro, *Como falar corretamente e sem inibições*, que acabou sendo publicado com grande sucesso — foram 10 edições com mais de 50.000 exemplares vendidos em apenas 8 meses.

Esta grande afeição ao trabalho ajudou Polito a superar suas dificuldades iniciais.

Para divulgar seus cursos, utilizava os contatos que a atividade bancária propiciava, além de ter um "sistema" próprio de formar seu cadastro de clientes: passava nas agências bancárias onde tinha amigos gerentes e pedia emprestado a "caixa de cartões de visita", levando-a para sua casa e copiando, em conjunto com sua esposa, os endereços. A estas pessoas, Polito enviava sua correspondência personalizada, além de oferecer os cursos através de contato pessoal.

Até 1980, Polito ainda havia investido pouco no negócio. Mas decidiu, então, arriscar tudo o que tinha numa estratégia agressiva de propaganda, fazendo anúncios, enviando mala direta etc., utilizando como garantia de pagamento destas despesas seu apartamento recém-adquirido, correndo o risco de ter de vendê-lo, caso os resultados fossem negativos.

O retorno dessa estratégia publicitária foi bom — "o suficiente para não vender o apartamento", conta Polito, mas ainda assim os lucros eram pequenos. No entanto, dada a segurança que lhe oferecia o emprego bancário, os resultados obtidos nos cursos não o preocupavam. Desta forma, o negócio continuou se desenvolvendo.

Surge a empresa

Finalmente, em 1983, registrou-se a firma, que passou a funcionar nos moldes familiares. Polito cuidava da redação do material utilizado, da parte mercadológica — folhetos de promoção, propaganda, divulgação —, das compras necessárias e da aplicação do dinheiro da empresa. Sua esposa participava ativamente na elaboração final do material utilizado e em outras atividades de apoio. Sua sogra atendia aos telefonemas em sua casa durante todo o dia e contava com um assistente e duas secretárias.

Desta forma, o curso foi crescendo, a ponto de Polito ser obrigado a deixar seu emprego no banco (1985), passando a se dedicar exclusivamente à sua empresa.

Inevitavelmente, o crescimento da empresa exigia uma maior presença do empreendedor, dada a ligação do Instituto com seu nome, o que também tem suas desvantagens.

O desenvolvimento da empresa

Em 1983, foram formados por Polito cerca de 200 alunos. Já no ano de 1986, formaram-se cerca de 1.000 alunos, considerada a capacidade máxima da estrutura atual montada. Praticamente, Polito diz já ter chegado onde desejava. Uma expansão, além de não ser de fácil concretização, poderia fazer perder o controle do negócio.

Além de ser o profissional mais bem pago do país em sua área, o empreendedor, ao mesmo tempo, é o mais conhecido nos meios empresariais. Isto se deve, fundamentalmente, ao grande destaque dado à recomendação feita por seus ex-alunos.

Por outro lado, os livros editados por Polito — *Como falar corretamente sem inibições* e *Gestos e postura para falar melhor* —, também promovem seus cursos. Tanto a sua obra é considerada como fonte de promoção para a empresa que Polito cuida particularmente de tudo que esteja relacionado com ela, como, por exemplo, promoção nas livrarias e conversas com os encarregados, para fazer com que exemplares sejam bem expostos.

Desta forma, criou-se uma barreira tão grande aos concorrentes que Polito considera muito difícil alguém ameaçar seu negócio, dado o volume de recursos e tempo que seria necessário para que alguém consolidasse uma imagem comparativamente tão sólida.

Algumas "dicas" do empreendedor

Polito diz que, na sua experiência profissional, alguns pontos básicos foram decisivos para o sucesso. Alguns dos fatores que o auxiliaram:

– dedicar-se totalmente à empresa;

– ter dinamismo para mudar;

– trabalhar pelo trabalho em si e não só pelo dinheiro;

– concretizar as boas idéias imediatamente;

– não desanimar com erros;

– estar seguro de seu conhecimento;

– definir qual seu produto ou serviço;

– definir qual o seu segmento de mercado (público-alvo), e trabalhar para conquistá-lo;

– não ser ganancioso;

– planejar tudo previamente;

– valorizar os clientes;

– arriscar;

– não delegar decisões.

(Fonte: *O Empreendedor — Fundamentos da Iniciativa Empresarial,* de Ronald Degen, Editora McGraw Hill (hoje Makron Books Editora), com apoio da revista *Exame,* São Paulo, 1989.)

Leitura Recomendada

A essência do conceito clipping é informar e motivar. Neste último capítulo deste livro-clipping, apresentamos ao leitor, comentários sobre os livros-matrizes, de onde os textos foram extraídos. Geralmente são Prefácios ou Introduções explicando a obra e sua finalidade.

O conteúdo dos livros desta coleção é auto-suficiente, mas ao leitor que deseje conhecimentos mais completos, recomendamos a leitura dos livros-fonte— aliás, esta é uma das razões da "invenção" da coleção ***O Poder do Poder****.*

Todos os livros aqui recomendados encontram-se disponíveis em livrarias, ou nas respectivas editoras.

Poder - Como Conquistá-lo e Como Utilizá-lo

MICHAEL KORDA - REVISTA *EXAME*

Este verdadeiro manual de sobrevivência nas empresas — e no mundo fora delas, também — é leitura obrigatória a todo homem ou mulher engajado na escalada de sua realização.

O conteúdo, em forma de livro, foi publicado no Brasil em 1975, pelo Grupo Abril, e depois, em 1986, pela revista Exame, *em sua edição especial de 23/7/86.*

Os editores e organizadores do texto, na introdução, dizem estas esclarecedoras palavras:

O Poder, Como Conquistá-lo, Como Utilizá-lo, cujo texto integral EXAME oferece a seus leitores neste número especial, é uma reedição do livro que publicamos em 1975, em sua primeira tradução mundial. Como a maioria das obras do jornalista e escritor Michael Korda, *O Poder* gerou controvérsias entre os críticos, mas foi consumido com sofreguidão pelo público, tendo ocupado lugar de destaque nas listas dos *best-sellers* americanos da última década.

A razão do sucesso do livro de Korda, um inglês que vive em Nova York, nascido há 52 anos numa ilustre família húngara de homens do cinema (Michael é sobrinho do importante diretor Alexander Korda), não é difícil de explicar. Dono de um estilo direto, Korda produziu um guia da ascensão social no qual, como já descreveu um crítico, parece ter sido estabelecida uma estreita colaboração entre o mestre da literatura especializada em administração de empresas, C. Northcote Parkinson, e o notório Maquiavel. Através de *O Poder,* o homem de negócios brasileiro vai certamente ampliar seu entendimento do demorado, difícil e polêmico processo que, em dois séculos, transformou o mundo artesanal e meramente mercantil num sistema econômico dinâmico e avassalador. Terá diante de si, além disso, um completo manual de sobrevivência na selva de vidro e concreto das empresas. Observador perspicaz e bem-humorado, Korda, como editor-chefe da poderosa editora Simon & Schuster, habita um elegante escritório da Avenida das Américas, no coração de Manhattan. E pratica, ele mesmo, os ensinamentos que pretende transmitir aos que desejam — ou precisam — tomar parte do fascinante jogo do poder."

Pragmaticamente, nós recomendamos o livro com especial entusiasmo, e desejamos mesmo que se torne um livro de cabeceira.

É um livro que pode mudar a sua vida.

Poder Sem Limites

ANTHONY ROBBINS - EDITORA BEST SELLER

Controle do poder mental, a condição para o sucesso

Seja qual for sua idade ou posição social e profissional, você pode ser, fazer e ter exatamente o que quiser, diz o autor deste *best seller* — mais de 100.000 exemplares vendidos só na primeira edição. Milhares de pessoas já sabem, e você também pode conhecer e pôr em prática os segredos da Programação Neurolingüística, nova ciência do sucesso pessoal, baseada no autoconhecimento e na ação, que fornece as bases da saúde mental e emocional.

"Uma nova abordagem, verdadeira e única... o poder de reprogramar seu comportamento... um livro para quem deseja o máximo." Afirma o famoso Norman Vincent Peale autor de *O Poder do Pensamento Positivo*

Diz o autor, de uma forma ou de outra, tudo neste livro é dirigido para prover seu cérebro com os sinais mais eficientes para capacitá-lo a tomar medidas bemsucedidas. Quase toda a semana conduzo um seminário de quatro dias chamado "A Revolução da Mente". Nele, ensinamos tudo às pessoas, desde como usar sua inteligência com mais eficiência, até como comer, respirar e se exercitar de uma maneira que aumente ao máximo sua energia pessoal. A primeira noite desse processo é chamada "Poder contra o Medo", e a finalidade é ensinar às pessoas como entrar em ação em vez de serem paralisadas pelo medo. No final do seminário, as pessoas têm oportunidade de andar sobre fogo — cerca de 3 metros de carvões queimando, sendo que, nos grupos avançados, pessoas andaram sobre 12 metros de carvão. Andar no fogo fascina a maioria, a tal ponto que temo que a mensagem esteja se perdendo. A questão não é andar sobre o fogo. Creio ser correto assumir que não há grande benefício social ou econômico a ser ganho de um passeio bem-sucedido sobre um leito de brasas. Mas andar sobre o fogo é uma experiência de poder pessoal e uma metáfora de possibilidades, uma oportunidade para as pessoas conseguirem resultados que antes pensavam ser impossíveis.

Faz milhares de anos que há pessoas realizando alguma versão de andar sobre o fogo. Em algumas partes do mundo, é um teste religioso de fé. Quando conduzo um passeio sobre ofogo, não é por experiência religiosa, no sentido convencional, mas uma experiência de crença, porque ensina às pessoas — no sentido mais autêntico — que elas podem mudar, crescer, esticar-se, fazer coisas que nunca pensaram ser possíveis, que seus maiores medos e limitações são auto-impostos.

A única diferença entre você poder ou não andar sobre brasas é a sua capacidade de comunicar-se consigo mesmo, de uma forma que o faça agir, apesar de toda sua programação passada de medo do que poderia lhe acontecer. A lição é que as pessoas podem fazer virtualmente qualquer coisa, desde que reúnam os meios para acreditar que podem e tomem as medidas efetivas.

Tudo isso leva a um fato simples e irrefutável: sucesso não é um acidente. A diferença entre pessoas que conseguem resultados positivos e aquelas que não conseguem não é um tipo de acaso, como o rolar dos dados. Há padrões consistentes e lógicos de ação, caminhos específicos para a superioridade, que estão ao alcance de todos nós. Todos podemos liberar a magia que há dentro de nós. Só temos de aprender como mudar a usar nossa mente e nosso corpo de maneira mais eficiente e vantajosa.

O Pensamento Dinâmico

ROBERT J. O'REILLY - CULTRIX

O que aprendi em 3.000 entrevistas

Há poucas semanas, senteime em minha poltrona e fiz alguns cálculos rápidos. E a resposta com que deparei foi algo surpreendente; impressionante talvez fosse um termo melhor. Durante os últimos três anos, na qualidade de Diretor de Treinamento de Vendas de uma das maiores indústrias do país, produtora de utensílios domésticos de alumínio, entrevistei pessoalmente mais de 3.000 pessoas. É muita gente; e tais criaturas representavam também um grupo típico do país, geograficamente falando, bastante amplo: vendedores dinâmicos e empreendedores de Nova Iorque; gente pachorrenta, de fala mansa, de Charlotte, Carolina do Norte; vendedores ambulantes, tranqüilos, retraídos, de Boston, Massachusetts; rapazes insistentes de Chicago; e homens afáveis e despreocupados de Fort Wayne, Indiana. A experiência que tinham? Tudo — desde seguros, imóveis, máquinas comerciais e alimentos enlatados até fundos mútuos e enciclopédias. E mais dúzias de outras.

Numa entrevista para admissão a um emprego, a gente aprende bastante a respeito do que faz as pessoas palpitarem e das características que distinguem os bem-sucedidos dos "joõesninguém". Fazendo as perguntas certas, um entrevistador experimentando pode, em cinco minutos, aprender mais sobre os sonhos, aspirações, motivos e frustrações de um homem do que um amigo íntimo poderia descobrir em cinco meses ou, talvez mesmo, em cinco anos. Como salientou certa vez Thomaz Watson Sr., ex-diretor da IBM: "Depois que se sai da escola, as pessoas que conhecemos é que se tornam os nossos compêndios." E essas 3.000 pessoas foram os meus compêndios da natureza humana.

Pensamento Dinâmico: um novo e Poderoso Caminho para o Sucesso Pessoal é uma conseqüência direta dessa inestimável experiência. Uma das coisas mais importantes que descobri nessas entrevistas é que apenas um ingrediente básico distingue a pessoa dinâmica, bem-sucedida, do indivíduo comum, rotineiro. E fiquei surpreendido ao descobrir que em mais de 98% das pessoas com quem conversei faltava esse ingrediente básico... e elas jamais perceberam isso! Lembre-se o leitor de que eram, todas, pessoas experientes e capazes; e, no entanto, a maioria delas iria passar a vida andando pelo trilho batido da mediocridade, tendo de contentar-se com promoções sem grande importância e ridículos aumentos salariais, economizando miseravelmente para pagar pequenos luxos... ficando apenas a um passo à frente da companhia financiadora da cidade!

Muitos dos importantes vislumbres e técnicas que você irá encontrar neste livro de leitura rápida foram também colhidos dos meus anos de experiência como professor não só do Curso de Liderança "Dale Carnegie", como também do Curso de Vendas "Dale Carnegie", e, ainda, do meu trabalho como membro da Comissão de Instrução do Clube de Promotores de Vendas de Nova Iorque.

Este é um livro destinado a pessoas que tenham a mente voltada para o sucesso. Pessoas como você, que estão na expectativa de trazer para a terra suas mais caras aspirações, transformando-as em realidades excitantes. Poder mandar seus filhos para a universidade que eles escolherem. Mudar-se para aquela casa espaçosa e ajardinada de seus sonhos. Levar sua família em férias regulares, de um mês de duração, para aqueles lugares fascinantes de que você sempre ouviu falar.

Mais do que qualquer outra coisa, este livro irá ajudá-lo a

conseguir a paz de espírito que acompanha a realização das coisas que você quer realmente realizar e, como uma conseqüência disso, a estar em situação de proporcionar verdadeiro conforto e segurança a toda sua família.

Pensamento Dinâmico é uma idéia excitante, nova, fácil de seguir, que oferece um roteiro explícito para levar uma vida mais rica, mais cheia e mais bem-sucedida... não importa quais sejam as suas ambições. Oferece-lhe ele um poderoso atalho para o sucesso pessoal.

Como qualquer atalho, ele o levará para onde você quer ir, em muito menos tempo do que normalmente leva. E com muito menos esforço! Analisando as técnicas e atitudes daqueles que já alcançaram o sucesso em vários setores de atividade, *Pensamento Dinâmico* suprimiu e pôs de lado as teorias do tipo "beco sem saída", que já se provou que não dão certo. Em lugar delas, acham-se métodos dinâmicos, claramente formulados, que conduziram outras pessoas a importante sucesso... e que agora o ajudarão a desenvolver e canalizar seus talentos naturais e a alcançar as coisas que você quer da vida.

Este livro lhe dará uma compreensão da distribuição do tempo e lhe mostrará a única maneira eficaz de arranjar tempo disponível para aquelas coisas que você deveria estar fazendo... mas não está. Ele lhe dará um roteiro definido para identificar precisamente aquilo que você quer da vida e alcançá-lo. Como resultado da leitura deste livro, você obterá um conhecimento precioso de como "vender" você mesmo aos outros, através de uma atitude persuasiva mais confiante. E, acima de tudo, ele lhe mostrará como empregar os princípios de afirmação positiva para descobrir, desenvolver e utilizar TODAS as suas possibilidades e aptidões.

Agora mesmo, neste preciso instante, está aberta para você uma estrada mais curta, mais rápida e mais direta para o sucesso permanente. Uma estrada que lhe permitirá tirar o máximo proveito de sua capacidade e imaginação não utilizadas. Tudo quanto você tem a fazer é dar aquele primeiro passo resoluto.

No dizer do prof. Ormond Drake, da Universidade de Nova Iorque, "se você pode fazer uma coisa uma vez, pode fazê-la duas vezes; e, se pode fazê-la duas vezes, pode fazer dela um hábito". O livro que você está segurando agora é um livro de ação verdadeira, livro preparado para ajudá-lo a fazer da vida bem-sucedida um hábito.

Receita Para o Sucesso

JACK FOWLER - EDITORA RECORD

Como este livro pode ajudá-lo a conquistar o sucesso

Se você ler este livro com a mente aberta, sem idéias preconcebidas, vai descobrir que pode obter o sucesso muito além dos seus sonhos mais otimistas — e que para isso não são necessários força de vontade, sorte, educação formal, esforço ingente ou a benevolência dos outros. Provarei que está fracassando não por falta de força de vontade, educação ou talento, mas apenas porque ainda não reconheceu os seus poderes — os poderes que possui desde o dia em que nasceu.

Por acaso, o leitor sabe que dispõe dentro de si um mecanismo a seu serviço e que pode ser programado com palavras, pensamentos e ações? Este mecanismo é como um computador. Não raciocina, executa apenas exatamente o que você programou. Este livro vai ensinar-lhe a reconhecer esse mecanismo a seu serviço e mostrar-lhe o quão facilmente ele pode ser programado, a fim de reagir prontamente às suas instruções.

Esse mecanismo sempre apresenta resultados. As instruções que você lhe dá jamais deixam de ser executadas. Contudo, enquanto você não o conhecer bem e não souber exatamente programá-lo, ele continuará a dar-lhe instruções que acarretam resultados indesejáveis. A maioria dos seus fracassos, senão todos, são na verdade uma decorrência do seu fiel mecanismo de servir, que assim tem agido em conseqüência de instruções impróprias que você, ignorantemente, lhe vem fornecendo através das suas próprias palavras, pensamentos e ações.

Acaso tem você consciência de que as palavras que pronuncia possuem tal poder que por si mesmas podem ser responsáveis pela programação desse mecanismo de forma indevida, acarretando-lhe uma saúde deficiente, memória fraca, dificuldade em aprender e outros prejuízos incontáveis? As páginas seguintes vão ensinar-lhe um método simples e eficiente de utilizar as palavras para programar o seu computador pessoal a fim de proporcionar-lhe uma saúde perfeita, equilíbrio social, personalidade cintilante, quaisquer que sejam, enfim, os sucessos que deseje alcançar. Você vai aprender a remover os resultados nocivos que criou através de uma programação imprópria e evitar fornecer instruções imprudentes, no futuro, a esse mecanismo que está a seu serviço.

Você sabia que sua imaginação é tão poderosa que programa o seu servomecanismo para que ele crie exatamente as coisas que você receia? As páginas seguintes dar-lhe-ão uma completa compreensão de como usar a sua imaginação para superar os medos e adquirir uma autoconfiança dinâmica e novas capacidades.

Você sabia que as imagens que acalenta possuem tal poder na programação do seu servomecanismo que o levam a adotar hábitos indesejáveis e até mesmo características físicas indesejáveis das pessoas com quem você se identifica? Este livro ensina você a criar imagens e a usá-las para programar o seu servomecanismo, removendo hábitos negativos e criando hábitos novos e desejáveis, melhorando a sua capacidade de aprender ou mudando qualquer aspecto de sua personalidade que deseje ver alterado.

Desde o início dos tempos o homem tem procurado essa meca ilusória que se chama "Sucesso". Grandes homens devotaram suas vidas a definir o sucesso e a traçar o caminho que leva a esse tesouro tão procurado. Milhões de palavras já foram escritas sobre o sucesso e como alcançá-lo, centenas de frases já foram formuladas como guias para se atingir esse objetivo: "Seja Entusiasmado", "Pense Positivamente", "A Atitude do Eu Posso", "Auto-Imagem", "Motivação", "Mecanismo de Sucesso" e muitas outras.

Se tantas e tão grandes inteligências pesquisaram e tantas penas eloqüentes escreveram a respeito, por que então a esmagadora maioria da humanidade não encontrou o sucesso? As razões são muitas, mas a essência é o fato de a maioria não ter conseguido responder à mais importante de todas as questões: COMO ser entusiasta, COMO pensar positivamente, COMO assumir a atitude do "Eu posso", COMO mudar a imagem de si mesmo, COMO tornar-se motivado.

O COMO é tão simples e tão básico que não exige uma retórica eloqüente, não envolve explicações científicas ou resmas de páginas para elucidá-lo de uma forma que permita a você aplicá-lo sem lutas nem esforços excessivos. Embora as "ferramentas da vida" que lhe são ensinadas neste livro possuam um poder que parece quase mágico, não há nada de mágico ou místico aqui envolvido. Nós simplesmente conseguimos chegar a uma compreensão da verdadeira natureza do homem e dos poderes de que ele dispõe.

Na nossa falta de esclarecimento, usamos muitas vezes no passado esses poderes de forma ignorante, acarretando prejuízos e infelicidade a nós mesmos. Mas está agora provado que esses mesmos instrumentos — palavras, imaginação e representações — que tantas vezes criaram resultados indesejáveis no passado, podem fazer com que você alcance o sucesso que deseja, desde que você reconheça o poder deles e saiba usá-los devidamente. Não está na hora de você parar de acumular fracassos e começar a criar sucessos que lhe tragam liberdade pessoal, felicidade e riquezas?

Nas páginas seguintes vou mostrar-lhe exatamente COMO reconhecer esses poderes, COMO controlá-los, COMO criar qualquer sucesso que você possa desejar: como alcançar a felicidade e o sucesso para os quais você nasceu.

O Mito do Empreendedor

MICHAEL E. GERBER - EDITORA SARAIVA

Qual é o segredo do sucesso?

Como ser um empresário bem-sucedido?

Um empreendedor já "nasce feito"?

Essas três perguntas ficam martelando a cabeça de quem pensa começar um negócio ou de quem iniciou um há pouco, mas *O Mito do Empreendedor* as responderá para você.

Ao revelar as posturas do empresário à frente de seu negócio e ao oferecer uma nova visão empresarial, Michael Gerber transforma *O Mito do Empreendedor* numa obra que visa a obtenção de resultados, isto é, a compreensão do que é preciso fazer para viabilizar um negócio.

Abra *O Mito do Empreendedor* e comece a tornar seu sonho uma realidade!

Existem duas questões que instigam qualquer empresário, seja qual for seu negócio:

1) Por que alguns empreendimentos dão certo e outros, que tinham tudo para ser um sucesso, fracassam?

2) O que é que um empreendedor bem-sucedido sabe e/ou faz que um mal sucedido desconhece?

A resposta poderia ser um vago "muitas coisas". Entretanto, a essência do sucesso empresarial é acreditar numa idéia que valha a pena.

Segundo Michael E. Gerber, quando um negócio não vai bem não significa que pessoas que nele trabalham sejam incompetentes ou ineficazes. Ao contrário, elas desempenham suas funções muito mais do que os resultados justificam. O problema é que trabalham errado e pensam que sabem o bastante sobre finanças, marketing, gerenciamento, produção, distribuição... Os empresários malsucedidos gastam seu tempo tentando defender e justificar aquilo que sabem em vez de descobrir o que não conhecem e de procurar novas oportunidades e inovações. Para o autor, todo empreendimento nada mais é que uma nítida imagem de seu proprietário.

O Mito do Empreendedor é uma obra que trata da obtenção de resultados, isto é, da compreensão do que precisa ser feito para viabilizar um empreendimento. Analisando as etapas da evolução de uma empresa, Michael Gerber detectou três posturas de empresários diante de seu negócio: o técnico, o gerente e o empreendedor, que, na verdade, determinam o estágio em que a empresa se encontra. Gerber, então, aponta as alternativas de desenvolvimento que incluem a proposta de uma nova visão empresarial de trabalhar o negócio, e não no negócio, e a elaboração de um programa de desenvolvimento fundamentado em três atividades distintas mas perfeitamente integradas: a inovação (o mecanismo que estabelece a individualidade de um empreendimento), a quantificação (o controle numérico do processo mercadológico) e a orquestração (a ordem, a lógica, a previsibilidade que garantem a qualidade de um produto/serviço). Com essas atividades é possível fixar os objetivos da empresa, bem como as estratégias a serem adotadas. Este é o primeiro passo para transformar uma idéia em ação, um sonho em realidade, um empresário em um empreendedor.

Sam Walton *Made in America*

SAM WALTON E JOHN HUEY - EDITORA CAMPUS

Jorge Paulo Lemann e Carlos Alberto Sicupira, donos majoritários do Banco Garantia e amigos pessoais do autor deste livro, fazem a seguinte Introdução à edição brasileira:

Se você comprou este livro pensando em encontrar alguma fórmula mágica ou sofisticada para se realizar na vida, você fez o seu pior investimento, pois a história nele contida é o do mais simples e óbvio caminho do sucesso. Aliás, o óbvio é tão brilhante que não conseguimos vê-lo; é como olhar para o sol. Este caminho está à disposição de qualquer um, você não precisa ser herdeiro ou ter MBA, e não é nada a mais que não se distanciar das coisas mais importantes da vida: entre elas não se inclui o dinheiro.

O que o bom senso, a simplicidade, o trabalho duro, a persistência, a valorização das pessoas e da honestidade, principalmente de propósitos, não fazem? Com tudo isso é possível alcançar até mesmo o que você não imaginava. Sam Walton, no livro da sua vida, *Made in America*, com a sua história linda do começo ao fim, mostra a sua honestidade sem fantasias. Porém não mostra sua capacidade e seu poder de influenciar e até mesmo mudar a vida das pessoas sempre para melhor, e o efeito disso.

Naturalmente, o que ele fez na Wal-Mart é isso aí. Mas Sam mudou até a vida de pessoas que nem o conheceram pessoalmente, lembrando-as daquilo que a chamada "vida moderna" e sofisticada tem-nos feito esquecer. É uma história de pés no chão.

Aí vão as suas principais características:

Bom senso e simplicidade

Sam tinha idéias simples e lógicas. Tudo era tão simples que até parecia que não ia dar certo.

Ele não inventava a roda, se era algo que lhe interessasse, olhava com atenção, e copiava sempre, melhorando o original.

Uma vez, visitando o Brasil, foi preso numa loja do Carrefour, de tantas fotografias que tirou e anotações que fez.

Quando todos os seus concorrentes nos EUA abriam lojas em cidades grandes, ele o fazia em cidades de 15.000 habitantes, e todos diziam que ele ia quebrar. Era o mercado que ele conhecia profundamente e sabia mal servido. Assim, construiu a Wal-Mart, uma companhia de US$ 50 bi de vendas, a maior fortuna do país e a segunda do mundo.

Respeito aos outros

Na sua sala simples havia uma citação de Goethe na parede: "Trate as pessoas como você gostaria que elas fossem, desse modo você estará ajudando-as a atingir o seu potencial".

Era assim com todos, seus associados na Wal-Mart (era assim que tratava a todos que com ele trabalhavam), seus clientes, seus amigos.

Gostava, achava importante e o tempo todo estava ajudando alguém a melhorar.

Na Wal-Mart todos têm acesso a suas ações e participação nos seus lucros. Com o sucesso da companhia, cujas ações subiram 40% ao ano nos últimos 20 anos, entre os seus 400.000 associados, há sem sombra de dúvida a maior concentração de milionários, comparada com qualquer outra companhia.

Sua atitude criava na companhia um clima permanente de Brasil em Copa do Mundo.

Implementação

A maior característica de Sam era a coerência. O que ele pregava ele praticava. Como eram idéias simples, muitas vezes pareciam de fácil implementação, mas pudemos conhecer a persistência e tenacidade que as faziam funcionar — era através da pregação de um missionário.

Sua simplicidade não significava que não usasse as tecnologias mais desenvolvidas, apesar da sua eterna desconfiança. Pelo contrário, ter sido pioneiro em algumas delas custou caro. Mas trouxe uma aprendizagem que possibilitou à Wal-Mart estar sempre na frente.

O cliente

A simplicidade do Sam o levaria a analisar o seu negócio Wal-Mart pelo ponto de vista do cliente.

Ele achava, e sem dúvida estava certo, que o olho do cliente era um input mais forte à apresentação de mercadorias e ao layout de suas lojas que qualquer estudo científico, e em vez de recomendar que alguém lesse um manual sobre tal assunto, que tentasse comprar determinados produtos, assim tirando a conclusão, para a ação, como se fosse o cliente.

Nada foi feito por ele na Wal-Mart sem antes ter sido respondida a pergunta: "O que os clientes vão achar disto?"

O principal disso era que toda esta atitude interna na Wal-Mart correspondia a como Sam tratava os clientes nas lojas que visitava, com carinho e fazendo-os achar que eram as mais importantes figuras. Isso era muito fácil, pois eles realmente eram.

Sam visitava mais de dez lojas por semana, era raro em uma loja não receber um agradecimento de um cliente pelo que tinha feito por ele.

Dedicação e MBWA

Sam não era homem de relatórios, lia pouquíssimo, mas sabia de tudo numa companhia de 2.000 lojas, 400.000 pessoas e 70.000 itens. Conversava com todos o tempo todo, tinha tempo para todo mundo e retornava todas as ligações. Nas suas andanças, tomava café da manhã com os motoristas de caminhão às 5h30 da manhã, pois eram eles que mantinham as lojas abastecidas.

Pilotando seu próprio avião, voava milhares de milhas por mês, atrás de informações e idéias dos seus associados, além de incentivá-los, disseminando e cada vez tornando mais forte a cultura do tudo pelo cliente e de

"Trate bem seus associados que eles tratarão bem de você", repetindo isso o tempo todo aos seus gerentes.

Todos na Wal-Mart estão envolvidos com mercadorias, qualquer associado sugere a introdução de um novo item, uma promoção ou uma forma de exposição. E, ao fazê-lo, entram num concurso de maior volume de venda por item sugerido.

Normalmente, Sam tinha o seu item, e nas suas viagens tentava trabalhá-lo, checando se ele estava bem exposto e em quantidade suficiente. Era mais uma vez o bom exemplo.

O seu método de administração MBWA (Managing by walking around) exigia uma dedicação mais que integral).

Tudo isso poderia parecer tratar-se do caso de mais um workholic, mas Sam amava a vida, e pôde criar, com a ajuda de Helen, sua companheira de toda a vida, uma família maravilhosa, onde todos são felizes, pois, antes de tudo, a individualidade de cada um foi respeitada, cada um faz o que gosta. A família junta tem mais de 40% das ações da Wal-Mart, e só um dos seus filhos trabalha lá como "chairman" do Conselho de Administração.

A Wal-Mart não é, e nunca foi, uma companhia a serviço de uma família.

Sam amava a natureza e os esportes, sendo competitivo em tudo que fazia. Perder uma partida de tênis doía-lhe muito. Na temporada de codornas, ele e seus cachorros eram tão importantes quanto a Wal-Mart. As lojas visitadas nesta época, por coincidência, eram sempre lugares de boas caçadas.

Apesar desta vida de trabalho, conseguia tempo para seus interesses, sua família, seus amigos. Era o total equilíbrio, por isso Wal-Mart deu certo. Ele só fazia o que gostava e com muita intensidade.

Devemos meditar sobre este livro e ver, com esses exemplos, como podemos ajudar o Brasil.

Sabedoria das Parábolas

HUBERTO ROHDEN - EDITORA MARTIN CLARET

O filósofo e mestre espiritual da Terceira Humanidade Huberto Rohden atinge neste seu livro as mais excelsas culminâncias de sua visão cósmica sobre a mensagem do Cristo.

Rohden transcende todo intelectualismo e, através de uma luminosa intuição, explica, em linguagem simples e atual, o simbolizado que existe por detrás de todo o símbolo das parábolas.

Sabedoria das Parábolas é um livro poderoso. É palavra viva que ilumina e cristifica o corpo e o espírito.

Feliz de quem o ler e o viver.

Preludiando o livro, diz estas palavras:

"Quase todas as parábolas de Jesus giram em torno da idéia do 'Reino de Deus' ou 'Reino dos Céus'.

Reino é um conceito orgânico, que lembra hierarquia. Num reino há superior e súditos, alguém que orienta e os que seguem sua orientação.

E como, segundo as palavras de Cristo, o Reino de Deus está dentro do homem, deve esse reino consistir numa hierarquia de valores e de fatos que integram a natureza humana.

O Reino de Deus no homem é o Eu divino da sua alma que governa o ego humano da sua mente, das suas emoções e do seu corpo.

Esse Reino de Deus existe em todo homem; mas, na maior parte, existe em estado dormente, potencial, embrionário; compete ao homem despertar, atualizar, desenvolver esse reino, que o Mestre chama a 'luz sob o alqueire', o 'tesouro oculto', a 'pérola preciosa'.

Há no Evangelho algumas dezenas de parábolas que visam esse Reino dos Céus que o homem deve despertar, desenvolver dentro de si e pôr a serviço da vida própria e alheia.

Quem nos conta essas parábolas havia realizado plenamente esse Reino de Deus em si mesmo.

Mas, aos seus ouvintes inexperientes, não podia ele dizer o que, na realidade, era esse Reino; só lhes podia indigitar, através de comparações e analogias, a que era semelhante esse Reino. O Reino dos Céus é semelhante a um grão de mostarda... a um fermento... a uma rede de pescar... a uma festa nupcial... a dez virgens... a uma pérola preciosa, ou então contava uma história, como A História do Filho Pródigo, apresentada também como a Parábola Clássica da Misericórdia.

Toda parábola consta de dois elementos: *o símbolo material* e o *simbolizado espiritual*.

O símbolo material, tirado da natureza ou da sociedade humana, é compreensível a todos; mas a compreensão do simbolizado espiritual depende do estado de evolução de cada um. Quem tem 10 graus de evolução espiritual interpreta a parábola como sendo 10; quem tem 50 graus compreende-a no nível 50; quem tem 100 graus de evolução compreende a parábola no grau 100. Devido a essa ilimitada elasticidade do simbolizado espiritual da parábola, esse modo de ensinar se presta para toda e qualquer classe de homem. Por outro lado, porém, não é possível dar uma explicação definitiva e universalmente válida das parábolas; a sua relatividade admite inúmeras interpretações, proporcionais ao estado de evolução espiritual de cada ouvinte ou leitor.

A explicação que passaremos a dar nas seguintes páginas corresponde ao estado evolutivo do autor, mas pode ser ultrapassada e completada pelo leitor.

Chamamos a atenção para o fato de que as parábolas não visam, em primeiro lugar, uma certa moralidade de agir, mas, acima de tudo, a consciência do Ser. Quando o homem se limita a certa vivência do agir moral, mas não atinge a realidade do seu Ser metafísico, ontológico, corre ele o perigo de marcar passo na zona superficial de um moralismo convencional, sem atingir a consciência da realidade.

As parábolas nos convidam a um profundo conhecimento metafísico e místico, cujo transbordamento espontâneo se revelará infalivelmente em auto-realização ética. A experiência da mística do 'primeiro e maior de todos os mandamentos' se manifestará na vivência da ética do segundo mandamento."

Liberte sua Personalidade

MAXWELL MALTZ - SUMMUS EDITORIAL

Dar mais vida à sua vida

Uma novidade científica que faz despertar em cada um sua personalidade integral.

Este livro diz o que é a Psicologia da Auto-Imagem (o retrato mental que cada um faz de si mesmo) e como fazê-la sua melhor auxiliar na vida.

E mostra que há em você um "mecanismo automático de sucesso": você estabelece seus objetivos — ele o guiará na direção deles, de maneira automática, permanente e constante.

As mudanças que isso operará em você — em suas aptidões, sua saúde, bem-estar e aparência, são verdadeiramente miraculosas.

Você começa realmente a viver cada dia com animação e vigor, na certeza de que seu "mecanismo automático de atingir objetivos" funciona sem descanso, suave e eficientemente, guiando-o na direção certa, seja qual for o objetivo que você queira alcançar!

Tudo o que você precisa saber para acrescentar mais vida à

sua vida lhe é dado neste livro, tão simples quanto prático. Leia-o e descubra por si mesmo como você poderá, de maneira fácil e rápida, transformar a si mesmo, sua aparência e vitalidade, seus poderes e aptidões — e todo o seu futuro!

A descoberta da "auto-imagem" — a imagem mental que o indivíduo faz de si mesmo — representa um avanço na psicologia e no terreno da personalidade criadora.

Faz mais de dez anos que se reconheceu a importância da auto-imagem. Contudo, pouco se tem escrito a respeito dela. E, o que é curioso, não porque a "psicologia da auto-imagem" não tenha surtido resultados, mas porque deu resultados assombrosos. Como disse um de meus colegas: "Hesito em divulgar minhas descobertas, principalmente para o público leigo, porque se eu apresentasse alguns de meus casos e descrevesse as espetaculares melhorias em personalidade que observei seria acusado de exagero ou de pretender criar um culto, quando não de ambas as coisas."

Eu, também, sinto igual espécie de hesitação. Qualquer livro que pudesse escrever sobre este assunto seria provavelmente olhado com estranheza por alguns de meus colegas. Em primeiro lugar, porque, de certa forma, não é usual que um especialista em cirurgia plástica escreva livros sobre psicologia. Depois, porque determinados setores provavelmente considerariam mais estranho ainda sair alguém do estreito dogma — o "sistema fechado" da "ciência da psicologia" — e procurar respostas, sobre o comportamento humano, nos terrenos da física, da anatomia, e na nova ciência da cibernética.

Minha réplica a tais objeções é que todo médico que faz cirurgia plástica *é* e *deve ser* um psicólogo. Quando alteramos as feições de um homem, quase invariavelmente alteramos o seu futuro também. Mudemos sua imagem física e quase sempre mudaremos o homem — sua personalidade, seu comportamento e, algumas vezes, seus dons naturais e aptidões.

O segredo de como usar este livro para mudar sua vida

Este livro foi escrito não apenas para ser lido, mas para ser *experimentado*. Você pode adquirir fatos pela leitura de um livro. Mas para "experimentar" você precisa responder criadoramente aos fatos. A aquisição de informações é em si mesmo passiva. A experiência é ativa. Quando você "experimenta", algo acontece em seu sistema nervoso e seu mesencéfalo. Novos "engramas" e padrões "neurais" são registrados na massa cinzenta do seu cérebro.

Este livro foi feito para, literalmente, obrigá-lo a "experimentar". Os "casos" sob medida e pré-fabricados foram aqui intencionalmente reduzidos ao mínimo. Em lugar disso, pede-se que você apresente seus próprios "casos", utilizando-se de sua imaginação e memória. Não se fez "sumário" ao fim de cada capítulo. Em vez disso, pede-se que você anote os pontos que lhe pareçam pontos-chave e que devam ser lembrados. Finalmente, você encontrará, através de todo este livro, coisas para fazer e exercícios práticos que deve executar. São exercícios simples e fáceis mas precisam ser feitos com regularidade para você tirar deles o máximo proveito.

Que é o sucesso?

Uma vez que empregamos em todo o decorrer deste livro as palavras "sucesso" e "bem-sucedido", acho que é importante dar desde já uma definição desses termos.

Em minha maneira de empregar essas palavras, "sucesso" ou "êxito" nada têm que ver com símbolos de prestígio. A bem dizer, nenhum homem deve procurar ser "um sucesso", mas todo homem pode e deve procurar ser "bem-sucedido". Quem procura ser "um sucesso", no sentido de adquirir símbolos de prestígio e usar certos rótulos, está fadado a ser presa de neuroticismo, frustração e infelicidade. Mas procurar ser "bem-sucedido" traz não apenas êxito material como também satisfação, preenchimento e felicidade.

Noah Webster define sucesso como sendo "a colimação satisfatória do objetivo procurado". A luta criadora em busca de um objetivo que é importante para *você*, como resultado de suas necessidades, aspirações e aptidões fundamente sentidas (e não os símbolos que os "outros" esperam que você exiba), traz felicidade ao mesmo tempo que sucesso, porque você está então agindo como deve realmente agir. O homem é por natureza um ser "perseguidor de objetivos". E por ser "feito dessa maneira" ele não é feliz se não agir como a Providência destinou que ele agisse — lutar por objetivos. Assim, o verdadeiro sucesso e a verdadeira felicidade não apenas caminham juntos como um aumenta a outra.

Coleção
O PODER DO PODER

O PODER DA AUTOCURA
O PODER DO PENSAMENTO
O PODER DO ZEN
O PODER DA FÉ
O PODER DO MITO
O PODER DO AUTO-CONHECIMENTO
O PODER DO SUCESSO
O PODER DO JEJUM
O PODER DO TAO
O PODER DO SILÊNCIO
O PODER DOS CHACRAS
O PODER DA COSMO-MEDITAÇÃO
O PODER DA LOGOTERAPIA
O PODER DO RISO
O PODER DA PNL
O PODER DA AUTO-IMAGEM
O PODER DAS FRUTAS
O PODER DA CROMOTERAPIA
O PODER DA ORAÇÃO
O PODER DA PALAVRA
O PODER DA AUTO-ESTIMA
O PODER DOS SÍMBOLOS
O PODER DOS TALISMÃS
O PODER DO DINHEIRO
O PODER DA ACUPUNTURA
O PODER DA ALHOTERAPIA
O PODER DE ANDAR
O PODER DO OTIMISMO
O PODER DAS PLANTAS MÁGICAS
O PODER DA YOGA-TERAPIA
O PODER DA NÃO VIOLÊNCIA
O PODER DA AUTO-SUGESTÃO
O PODER DA VISUALIZAÇÃO
O PODER DA AURA HUMANA
O PODER DAS PIRÂMIDES
O PODER DA SAÚDE HOLÍSTICA

LIVRO | MARTIN CLARET | CLIPPING

Este Livro-clipping não tem um final. A partir daqui ele continua em você... como um poderoso fermento criador!

Impressão e acabamento
Cromosete
GRÁFICA E EDITORA LTDA.
Rua Uhland, 307 - Vila Ema
Cep: 03283-000 - São Paulo - SP
Tel/Fax: 011 6104-1176